TITAN

JEUNESSE

La Piste sauvage

Du même auteur chez Québec Amérique Jeunesse

Jeunesse

SÉRIE KLONK

Klonk, coll. Bilbo, 1993.
- PRIX ALVINE-BÉLISLE

Lance et Klonk, coll. Bilbo, 1994.
Le Cercueil de Klonk, coll. Bilbo, 1995.
Un amour de Klonk, coll. Bilbo, 1995.
Le Cauchemar de Klonk, coll. Bilbo, 1997.
Klonk et le Beatle mouillé, coll. Bilbo, 1997.
Klonk et le treize noir, coll. Bilbo, 1999.
Klonk et la queue du Scorpion, coll. Bilbo, 2000.
Coca-Klonk, coll. Bilbo, 2001.
La Racine carrée de Klonk, coll. Bilbo, 2002.
Le Testament de Klonk, coll. Bilbo, 2003.
Klonk contre Klonk, coll. Bilbo, 2004.
- PREMIÈRE POSITION PALMARÈS COMMUNICATION-JEUNESSE 2005-2006

SÉRIE SAUVAGE

La Piste sauvage, coll. Titan, 2002.
L'Araignée sauvage, coll. Titan, 2004.
Sekhmet, la déesse sauvage, coll. Titan, 2005.
Sacrilège, coll. Titan, 2006.
Les Horloges de M. Svonok, coll. Titan, 2007.
Sales Crapauds, coll. Titan, 2008.

Granulite, coll. Bilbo, 1992.
Guillaume, coll. Gulliver, 1995.
- MENTION SPÉCIALE PRIX SAINT-EXUPÉRY (FRANCE)

Le Match des étoiles, coll. Gulliver, 1996.
Kate, quelque part, coll. Titan+, 1998.
Lola superstar, coll. Bilbo, 2004.

La Piste sauvage

FRANÇOIS GRAVEL

QUÉBEC AMÉRIQUE jeunesse

Catalogage avant publication de Bibliothèque et Archives nationalesdu Québec et Bibliothèque et Archives Canada

Gravel, François
La Piste sauvage
(Titan jeunesse ; 51)
ISBN 13 : 978-2-7644-0176-7
I. Titre. II. Collection.
PS8563.R388P57 2002 jC843'.54 C2002-940703-6
PS9563.R388P57 2002
PZ23.G72Pi 2002

Conseil des Arts du Canada Canada Council for the Arts

SODEC Québec

Nous reconnaissons l'aide financière du gouvernement du Canada par l'entremise du Programme d'aide au développement de l'industrie de l'édition (PADIÉ) pour nos activités d'édition.

Gouvernement du Québec – Programme de crédit d'impôt pour l'édition de livres – Gestion SODEC.

Les Éditions Québec Amérique bénéficient du programme de subvention globale du Conseil des Arts du Canada. Elles tiennent également à remercier la SODEC pour son appui financier.

Québec Amérique
329, rue de la Commune Ouest, 3e étage
Montréal (Québec) H2Y 2E1
Téléphone : 514 499-3000, télécopieur : 514 499-3010

Dépôt légal : 3e trimestre 2002
Bibliothèque nationale du Québec
Bibliothèque nationale du Canada

Révision linguistique : Michèle Marineau
Mise en pages : Andréa Joseph [PAGEXPRESS]
Conception graphique : Karine Raymond
Réimpression : novembre 2007

Imprimé au Canada

À Jean-Marie Poupart,
qui serait excellent dans le rôle
de M. Vinet.

Chapitre 1

Je déteste lire. Regarder des mots sur une page blanche, pour moi, c'est pire que compter des moutons avant de m'endormir. Quand je vois des taches noires sur une feuille de papier, je commence tout de suite à rêver : j'imagine que les lignes sont des routes qui traversent les États-Unis, et je m'installe au volant de ma Ferrari. J'embraye en première, je fais tourner le moteur à dix mille tours, je lâche le frein et je décolle. Ôtez-vous de mon chemin, les lapins, tassez-vous, les coyotes, je m'en vais rattraper le Road Runner.

Dans mes rêves, je file à trois cents kilomètres à l'heure. Mais quand je lis, j'ai l'impression d'être une tortue. Pire qu'une tortue : un ver de terre qui serait sorti prendre l'air, un jour de pluie. Je lis un mot, puis un autre et, avant d'arriver au troisième, je regarde le plancher, j'imagine que la patte de mon pupitre est un accélérateur, j'appuie à fond... et, bye bye, les équations. Mon livre de maths est un tableau de bord, je m'agrippe à mon pupitre, je me penche pour mieux négocier les virages, je passe en trombe devant les estrades et puis je vois le gros doigt jaune du prof se poser sur mon volant.

— Réveille-toi, Steve... Tu as un examen à finir.

Je freine, je me stationne dans le puits de ravitaillement, je regarde mon examen de maths, mais je n'ai pas aussitôt fini de lire le problème que deux bolides me dépassent et disparaissent à l'horizon, dans un nuage de poussière. Je ne prends même pas le temps de mettre mon casque : je saute dans ma Ferrari, j'appuie sur l'accélérateur, je réussis à les rattraper, mais les deux pilotes sont complices, ils me bloquent le chemin, impossible de les dépasser, à moins de me faufiler par l'accotement... Je décide de prendre le risque, je fonce et je réussis ! Steve Charbonneau remporte le Grand Prix, une fois de plus ! Me voici sur le podium, à arroser de champagne les spectateurs, et surtout les spectatrices, béates d'admiration...

Dans mes rêves, je gagne toutes mes courses. Dans la vie... Eh bien, dans la vie, c'est moins facile. Comme j'ai des problèmes de concentration, on m'a mis dans la classe de M. Vinet. Au début de l'année, nous étions vingt-cinq. Nous ne sommes plus que douze. Les autres ont décidé de lâcher l'école aussitôt qu'ils ont eu seize ans, ou même avant. Moi, j'aurai seize ans le 25 juin, dans un mois, alors j'attends.

L'école, c'est trop lent pour moi. La preuve, c'est que je comprends toujours du premier coup quand le professeur explique quelque chose au tableau. Mais aussitôt qu'il répète, je m'endors. Et quand je suis obligé de lire, il faut absolument que je rêve, sinon je tomberais dans le coma.

▲ ▲ ▲

Je n'ai jamais aimé mes professeurs de français. Ils voulaient toujours que je lise des livres qu'ils avaient aimés lorsqu'ils étaient jeunes, à l'époque où il n'y avait même pas d'ordinateurs, et peut-être même pas de télévision. Des histoires en vieux français, avec des descriptions interminables (sauf quand il y avait du sexe, évidemment : dans ces moments-là, pas de danger qu'ils décrivent !).

Chaque fois que je réussissais à me rendre au bout d'une page, mes professeurs s'organisaient pour me faire comprendre que je n'avais rien compris en me posant des questions du genre : « Qu'est-ce que l'auteur a voulu exprimer, d'après vous ? » Celle-là, c'était la pire ! Comment voulez-vous que je le sache, moi, ce qu'il a voulu dire ? Je ne peux tout de même pas lui téléphoner, il est mort il y a deux cents ans ! Et puis qu'est-ce que vous voulez savoir, au juste ? Ce que *moi* je pense, ce que *l'auteur* a pensé, ou bien ce que *je* pense que *l'auteur* a pensé, ou alors ce que *je* pense que *le professeur* pense que *l'auteur* a pensé ? Vous ne trouvez pas que ça commence à être compliqué ? Moi aussi. C'est pour ça que j'ai toujours détesté mes cours de français.

Avec M. Vinet, c'est différent. Au début de l'année, il nous a lu des poèmes. Imaginez un peu : des poèmes ! Nous, de voir un vieux bonhomme chauve prendre des grands airs pour déclamer des niaiseries que nous ne comprenions pas, ça nous a fait crouler de rire. Vinet a vite compris, alors il a changé sa stratégie. Il a voulu nous lire le début d'un roman policier. Le premier chapitre seulement, évidemment. Ensuite, on était supposés se précipiter à la bibliothèque pour dévorer la suite et devenir des drogués de lecture. Mais on lui a vite mis les points sur les *i*:

— Écoutez, M. Vinet, *tous* les professeurs ont essayé le même truc depuis le début du primaire, et ça ne marche pas ! Vous pouvez continuer à nous lire des histoires si ça vous amuse, mais nous, on n'a pas envie de les continuer !

Vinet a dit :

— D'accord, on va essayer autre chose : chaque matin, vous allez consacrer quinze minutes à la lecture. Quinze minutes seulement, ce n'est quand même pas la mer à boire ! Et vous pouvez lire n'importe quoi, un journal, une revue, *n'importe quoi !*

Le lundi suivant, la moitié des filles de la classe sont arrivées avec des revues de mode, l'autre moitié avec un roman d'amour. M. Vinet a poussé un grand soupir, mais il les a laissées faire. Quand les gars ont sorti leur *Journal de*

Montréal, il a poussé encore un grand soupir, mais il n'a rien dit. Mais quand Yan a sorti son *Playboy*, il est vite intervenu.

— Pas question de lire ça dans ma classe ! a dit Vinet.

— Je ne voulais pas le *lire*, non plus ! Je voulais juste regarder les images…, a répliqué Yan, ce qui nous a tous fait rire.

J'aime bien Yan, et je pense que M. Vinet l'aime bien, lui aussi. Quand ils commencent à discuter, ces deux-là, ça n'en finit plus, et c'est justement ce qui est arrivé ce matin-là. Vinet a essayé de confisquer la revue, mais Yan n'a pas voulu la lui remettre :

— C'est pas juste, monsieur ! Les filles ont le droit d'avoir des revues de mode, et pas nous !

Vinet a répondu que *Playboy* n'était pas une revue de mode, puisque les filles étaient nues, mais Yan a répondu qu'il y avait autant de filles nues dans les magazines de mode, et Vinet a bien été obligé d'admettre qu'il avait raison. Ensuite, Yan a demandé à M. Vinet pourquoi les filles avaient le droit de lire des romans d'amour dans lesquels il y a des scènes de sexe, alors que nous, les garçons, on n'avait pas le droit de regarder des images de filles qui ne font rien d'autre que d'être belles. Il avait un peu raison, je trouve : pourquoi les mots ce serait correct et pas les images ? Ce n'est quand même pas notre faute si les gars et les filles ne sont pas pareils. C'est vrai, quoi, les filles, ça les excite de lire qu'un beau bonhomme musclé serre dans ses bras la belle héroïne en lui chuchotant des mots d'amour, mais nous, les gars, on préfère voir l'héroïne déshabillée, et quand elle est déshabillée, elle n'a pas vraiment besoin de parler. Ce n'est quand même pas notre faute si on n'a pas la même sorte d'imagination, qu'est-ce que vous en pensez, vous, M. Vinet ? C'était vraiment une belle discussion, et à la fin tous les élèves étaient contents : on avait parlé pendant dix minutes, il ne restait donc plus que cinq minutes de lecture obligatoire !

Dans notre classe, on est peut-être pourris en français, mais pour trouver des arguments on est quand même assez bons, même Vinet a été obligé de l'admettre.

— Vous êtes champions pour discuter, mais je maintiens ma position. La prochaine fois que l'un de vous apportera un *Playboy* dans ma classe, je lirai des poèmes pendant toute la période !

— Non, monsieur ! Pitié ! a supplié Yan en rangeant aussitôt sa revue dans son pupitre. Est-ce que je peux lire ça, à la place ?

Et il a sorti de son pupitre un album de Garfield.

M. Vinet a poussé un long soupir, mais il n'a pas pu s'empêcher de sourire.

— Maintenant, je veux voir tout le monde le nez dans son livre, et vite ! Il ne reste plus que cinq minutes…

Tout le monde a obéi, sauf moi. Je ne voulais pas faire la mauvaise tête, c'est juste que je n'avais rien à lire.

Vinet s'est approché de mon pupitre, il a regardé les graffitis que j'ai gravés au début de l'année, quand je filais un mauvais coton. Il y a juste deux mots. Le premier, c'est STEVE. L'autre, c'est DEAD.

— Tu vas trouver le temps long, m'a dit Vinet. Relire les deux mêmes mots pendant cinq minutes… Tu n'as vraiment rien à lire, chez toi ?

Ça, c'était une gaffe, et Vinet le savait : chez moi, ça n'existe pas. Ça n'existe plus. Avant, ça existait un peu, je pense, mais j'étais trop petit pour m'en souvenir. Quand mon père est parti, ma mère a voulu me garder, mais le juge n'a pas voulu. Il a dit que je serais mieux en famille d'accueil, que c'était pour mon bien, et blablabla. Des familles d'accueil, j'en ai connu huit ou neuf, je ne les compte même plus. Quand je n'étais pas bien là où j'étais, je m'organisais pour être insupportable jusqu'à ce qu'on me mette dehors. C'est facile d'être insupportable : il suffit de mettre sa musique trop fort ou même de regarder les gens dans les yeux. La plupart des adultes ne supportent pas ça. Quand ça ne suffisait pas, j'organisais des coups.

J'ai fini par me caser chez un bonhomme qui s'appelle Desjardins, disons. Chez lui, ça ressemble un peu à une famille : il y a une bonne femme qui passe ses journées à compter ses pilules et un bonhomme qui regarde le baseball à la télévision. Ils ne parlent jamais. Ils ne lisent jamais non plus : tout ce que je pourrais lire, dans cette maison-là, c'est le *TV Hebdo*, sauf que le bonhomme ne veut jamais me le prêter parce qu'il n'a pas fini ses mots croisés. Comme il s'endort toujours avant d'avoir trouvé le premier mot, ça risque de prendre un bout de temps avant qu'il me le prête. Qu'est-ce que je pourrais lui emprunter d'autre, comme lecture ? Le catalogue *Canadian Tire* ? Le mode d'emploi de son grille-pain ?

Je pensais à tout ça pendant que Vinet regardait en silence les deux mots gravés sur mon pupitre.

Nous sommes restés comme ça un bon bout de temps à ne rien dire, puis Vinet m'a parlé à voix basse, tellement basse qu'il fallait que je sois bien concentré pour le comprendre :

— Tu veux de l'action, Steve ? C'est ce que tu as toujours voulu ? Eh bien, tu vas en avoir. Même que tu vas en avoir trop… Tu es prêt ?

Il chuchotait, mais j'avais l'impression qu'il criait. Jamais je ne l'avais entendu parler comme ça, jamais il n'avait eu l'air aussi convaincu. Je ne savais pas trop dans quoi je m'embarquais, mais j'ai dit oui. Qu'est-ce que j'avais à perdre ?

— Tu vas aller à la bibliothèque, a-t-il continué, toujours à voix très basse, comme s'il me confiait un grand secret, et tu vas demander à Louise l'édition spéciale du *Guide de l'auto*. Tu m'as bien compris ? L'édition spéciale du *Guide de l'auto*…

Je n'avais pas envie d'aller m'enfermer dans la bibliothèque, mais quelque chose me disait qu'il fallait que j'obéisse, que je n'avais pas le choix, que c'était même une question de vie ou de mort.

J'y suis allé. Et j'ai vu la mort. Je l'ai même vue dans les yeux, et on s'est parlé longtemps, elle et moi.

Chapitre 2

Louise est parfaite dans son rôle de bibliothécaire. Elle a quarante ans, et peut-être même plus, elle est petite et maigre, et il n'y a pas beaucoup de différence entre son dos et son ventre. Il n'y a rien qui l'intéresse autant que de respirer de la vieille poussière, de coller des enveloppes dans des livres ou de changer la date sur son tampon. Chaque fois que je suis obligé de lui demander quelque chose, j'ai l'impression de la déranger. Le bonheur, pour elle, ce serait qu'il n'y ait jamais d'élèves dans sa bibliothèque. Juste des livres et de la poussière.

— C'est M. Vinet qui m'envoie…

— Ta casquette !

Au début, je pense qu'elle veut faire une rime avec Vinet, mais je finis par comprendre qu'elle veut que j'enlève ma casquette. Dans mon école, personne n'a le droit de porter sa casquette dans les salles de classe ou à la bibliothèque, mais à la cafétéria et dans les corridors, on peut. Enlève la casquette, remet la casquette, enlève la casquette : ça finit par être mélangeant. Parfois on oublie, c'est normal, mais Louise n'oublie jamais de nous engueuler. Nous faire enlever nos casquettes, c'est aussi important pour elle que de changer la date sur son tampon, et peut-être même plus.

J'enlève ma casquette, je me passe la main dans les cheveux et je répète :

— C'est M. Vinet qui m'envoie…

— Je le sais : tu me l'as déjà dit.

Elle ne me regarde même pas quand elle me parle. Elle classe des fiches, comme si je n'étais pas là… Peut-être que c'est impoli de porter une casquette dans une bibliothèque, mais avoir l'air bête c'est pire, si vous voulez mon avis, sauf que je n'ai pas envie d'en discuter avec elle.

— Il m'a dit de vous demander l'édition spéciale du *Guide de l'auto*.

Cette fois, elle arrête de classer ses fiches et elle me regarde dans les yeux.

— L'édition spéciale ? Tu en es sûr ?

Elle a l'air tellement surprise par ma demande que j'ai un moment d'hésitation. Mais plus j'y repense, plus je suis sûr de mon coup. Je ne suis peut-être pas très fort en lecture, mais j'ai une bonne mémoire : quand on me dit quelque chose, je le retiens.

— C'est ce qu'il m'a dit, oui...

— Bon, finit-elle par répondre, j'imagine qu'il sait ce qu'il fait... Tu vois cette porte, là-bas ? C'est la réserve. Il y a du fouillis, mais tu trouveras ce que tu cherches sur la tablette du bas, juste derrière la porte... Bonne chance !

Je savais déjà que quelque chose de bizarre se produirait, mais l'attitude de Louise me le confirme : pourquoi donc m'a-t-elle souhaité bonne chance ?

J'ouvre la porte de la réserve et je regarde autour de moi : il n'y a qu'une chaise de bois, une petite table et des tablettes remplies de vieux livres à réparer. Ça sent un peu le renfermé, mais les livres sont bien rangés. Si c'est ça que Louise appelle un fouillis, je me demande ce qu'elle dirait si elle voyait ma chambre... Il n'y a pas de lumière électrique dans cette pièce, mais le soleil entre par un minuscule vitrail, tout en haut, et tout semble un peu rouge.

Je referme la porte derrière moi, je regarde sur la tablette du bas et j'y prends l'édition spéciale du *Guide de l'auto*. Je sens tout de suite que ce sera le livre le plus important de ma vie.

C'est un gros livre neuf, rouge comme une Ferrari Testarossa. Sur la page couverture, il y a justement une Ferrari Testarossa, mais modifiée, un modèle que je n'ai jamais vu.

Je m'assois sur la chaise, j'ouvre le guide et je commence à regarder les images : il y a des Ferrari, mais aussi des Porsche, des Lamborghini, des Bugatti, des Jaguar, des Corvette et même des véhicules bizarres que je n'ai jamais vus, des prototypes encore plus extraordinaires que ceux que je pouvais imaginer, et j'ai toujours été assez fort pour imaginer des autos.

Je lis ce qu'on dit de la Ferrari : transmission à six rapports, soixante soupapes, carrosserie en carbone, de zéro à cent kilomètres en moins de cinq secondes... Cinq secondes, c'est beaucoup plus qu'il ne m'en faut pour me retrouver au milieu du désert de l'Arizona, poursuivi par le Road Runner.

Je suis tellement bien sur ma route que j'oublie de regarder ma montre.

Quand je me souviens que M. Vinet m'attend peut-être encore dans la classe, je m'aperçois qu'il est trop tard. Beaucoup trop tard : il est sept heures du soir ! Non seulement le cours de français est fini depuis longtemps, mais mon autobus est parti, et l'école est peut-être même fermée ! Je n'ai pas vu passer le temps, et tout le monde m'a oublié dans mon cocon.

Je sors de la réserve, mon livre dans une main et ma casquette dans l'autre, je fais quelques pas dans la bibliothèque silencieuse, qui me semble plus vaste que d'habitude, et baignée d'une drôle de lumière. Autrefois, la bibliothèque était une chapelle, c'est pour ça qu'il y a des vitraux et un plafond très haut. Je suis seul dans la bibliothèque, je me promène entre les vitraux, et c'est tellement beau que je ne pense même pas à remettre ma casquette, même si personne ne peut me voir.

Je m'approche du comptoir et je vois quelque chose de plus étrange encore. À la place de Louise, il y a une fille tellement belle que j'en ai le souffle coupé. Le genre de fille qu'on ne voit que dans des magazines de mode, mais en mieux : les mannequins ont souvent l'air bête, dans ce genre de magazines, mais elle… Elle a plutôt un petit air malicieux, comme en ont parfois les filles dans les magazines pour hommes, et elle n'a pas seulement le sourire de ces filles, elle a tout le reste aussi : sa jupe est tellement courte et sa blouse tellement bien ajustée qu'on voit presque tout, et presque tout c'est souvent mieux que tout parce que ce qu'on ne voit pas, on est obligé de l'imaginer. Cette fille-là n'a même pas besoin de vous regarder pour vous hypnotiser. C'est le genre de fille qu'on voit autour des podiums et que les pilotes de formule 1 arrosent avec du champagne pour que leur tee-shirt soit bien ajusté. Le genre de fille qui pourrait s'appeler Miss Septembre, Miss Automne, Miss toute l'année…

— Salut, Steve ! me dit-elle comme si elle me connaissait depuis toujours. Moi, c'est Roxanne…

Je devrais répondre que je suis enchanté de faire sa connaissance ou quelque chose dans le genre, mais j'ai la gorge si sèche que je ne dis pas un mot. Je ne me suis jamais senti aussi stupide, et c'est normal : Einstein se serait senti stupide, lui aussi, s'il avait vu cette fille-là.

— ... Tu aimes les autos, Steve ? demande-t-elle en me regardant droit dans les yeux, et je sens mes jambes se ramollir.

— ... Oui...

J'ai réussi à dire un mot ! Peut-être que j'en aurais ajouté deux ou trois autres si j'avais su quoi dire, mais elle ne m'en laisse pas le temps :

— Intéressante, cette édition spéciale du *Guide de l'auto*, tu ne trouves pas ?

— Super ! Je n'ai pas vu le temps passer, c'est pour ça que...

— Écoute, je vais aller droit au but : nous avons besoin de toi, Steve. Ton talent est encore grossier, mais si tu nous laisses le façonner, nous ferons de cette pierre brute un diamant. Tu commences demain matin.

— Demain ? Mais...

— Il n'y a pas de *mais*. C'est la chance de ta vie, Steve : demain matin, tu vas laisser passer l'autobus scolaire et tu vas m'attendre. J'irai te prendre à sept heures et demie au plus tard... Ça va aller vite, je te le jure. C'est ce que tu as toujours voulu, non ?

Elle m'adresse un sourire plein de promesses, elle me tourne le dos et elle s'en va.

Je n'ose pas la suivre. Je la regarde marcher jusqu'à la porte de la bibliothèque, puis je me secoue : il faut que je rentre chez le bonhomme Desjardins…

Peut-être que je devrais lui téléphoner, pour expliquer mon retard ? J'essaie, mais pas moyen d'avoir une ligne. Peut-être que les téléphones de l'école ne fonctionnent pas le soir ou peut-être que je ne comprends pas leur système…

Je quitte la bibliothèque, je marche dans les corridors déserts, j'ouvre la porte de l'école et je me retrouve dans le stationnement, désert lui aussi : pas la moindre automobile, aucun autobus scolaire, même pas de bicyclettes.

Je quitte le terrain de l'école, je prends la route et je marche jusqu'à la ferme du bonhomme Desjardins.

Dix kilomètres. Si j'avais une Ferrari ou même une Honda Civic ou n'importe quel tas de ferraille, j'arriverais en dix minutes. Mais à pied, il faut marcher pendant deux interminables heures. Ça me donne le temps de récapituler ce qui vient de m'arriver : Vinet m'envoie à la bibliothèque, je regarde des autos tellement longtemps que je m'endors, je rêve à Roxanne… Mais ce n'était pas un rêve, c'était aussi vrai que l'asphalte sous mes pieds, aussi vrai que ce caillou dans mon soulier...

Ça ne sert à rien d'y réfléchir trop longtemps: il n'y a rien à comprendre. Mieux vaut s'arrêter et enlever ce caillou.

Je reprends ma marche et je pense au bonhomme Desjardins. J'ai peur de sa réaction: il n'aime pas que j'arrive en retard. S'il me chasse de chez lui, je passerai encore d'une famille d'accueil à l'autre, et je ne sais pas trop où je pourrais me retrouver. Je n'ai pas envie de recommencer à faire l'imbécile jusqu'à ce qu'on me trouve une famille un peu vivable. Et peut-être qu'ils me placeraient dans un autre village, dans une autre école ? Et dans cette école, est-ce qu'il y aurait encore une édition spéciale du *Guide de l'auto*, est-ce qu'il y aurait encore Roxanne ?

Si je veux que ça continue, j'ai intérêt à ne pas me mettre le bonhomme à dos.

Chapitre 3

Il faut que je vous parle un peu du bonhomme Desjardins avant de continuer. Ça va faire bientôt un an que j'habite chez lui. Pour moi, c'est un record: un an dans la même maison, je ne pensais jamais que ça m'arriverait. Depuis que je suis chez lui, je n'ai pas envie de mettre ma musique trop fort et je n'ai surtout pas envie de faire un coup pour qu'on me change de famille.

Au début, pourtant, je me disais que je ne tiendrais pas plus d'une semaine: c'était la première fois qu'on me plaçait à la campagne, et j'avais peur de devenir fou. Mais je me suis habitué vite.

Quand je suis arrivé chez lui, il a tout de suite mis les choses au clair, et j'ai aimé la façon dont il m'a parlé. Il m'a dit écoute, Steve, je ne sais pas ce que tu as fait avant de te retrouver chez moi, et je ne veux pas le savoir. Ton passé, ça ne me regarde pas, et mon passé à moi, ça ne te regarde pas non plus, d'accord ? Si personne ne pose de questions, personne n'est obligé de répondre. Ici, ce n'est pas très drôle, j'aime autant te le dire tout de suite. Tu seras obligé de prendre l'autobus pour aller à l'école et si tu veux aller ailleurs, il faudra marcher. Le village est à dix kilomètres, mais il n'y a rien à faire là de toute façon. Ma femme est en dépression. Tu ne la verras pas souvent. Tout ce que je te demande, c'est de ne pas la déranger avec ta musique. Moi, je travaille toute la journée, et le soir je suis fatigué. Si tu pouvais me donner un coup de main de temps en temps, ça ne serait pas de refus, mais tu n'es pas obligé. Ta chambre est au sous-sol. Ne demande jamais rien à ma femme : attends qu'elle te parle. Si tu as besoin de quelque chose, tu me le demandes à moi, c'est compris ?

J'ai dit que j'étais d'accord, ensuite il m'a fait visiter les lieux. La maison est banale mais confortable. Ma chambre est au sous-sol, il y a un lit, une commode, une télévision et un système de son pas génial, mais c'est correct. C'est la première fois que j'ai une chambre au sous-sol, et j'aime ça: l'été, c'est frais, et il n'y a pas de bruit, à part les grillons qui font des concerts.

Sur la ferme du bonhomme Desjardins, il y a des pommiers. Rien que des pommiers. Des centaines, des milliers de pommiers. Comme je n'avais rien à faire de mon été et que je n'avais surtout pas envie de rester seul dans la maison avec Mme Dépression, j'ai décidé d'aider un peu le bonhomme. Parfois il me demandait d'arroser les arbres avec des insecticides, parfois de répandre des engrais, des choses comme ça. Mais les arbres et les fleurs, moi, ça ne me dit rien. Ce que j'aime, c'est les moteurs. Le bonhomme Desjardins l'a compris tout de suite, et il m'a laissé les utiliser. Comprenez-moi bien, quand je parle de moteurs, je ne parle pas de formule 1 : des coupe-bordures, des taille-haies, des scies mécaniques, ça fonctionne quand même avec des moteurs, non? J'ai commencé avec ça, ensuite le bonhomme m'a laissé utiliser la tondeuse (ce n'est pas une petite tondeuse de banlieue, attention, c'est un petit tracteur qui fait presque du cinq kilomètres à l'heure), ensuite j'ai pu conduire son vrai tracteur, et enfin son quatre-roues, avec lequel je me promène entre les pommiers. Ce n'est rien pour se décoller la casquette, mais c'est quand même cool. Le bonhomme me fait confiance, et ça aussi c'est cool. Il n'est pas toujours à vouloir me faire parler, comme les psychologues. Il ne me parle presque pas, en fait, ou alors seulement pour me dire de prendre le quatre-roues pour aller lui chercher un bidon d'insecticide dans la remise, des choses comme ça, et c'est parfait pour moi.

C'est quelque chose d'autre que j'ai tout de suite aimé, à la ferme : la remise. Le bonhomme Desjardins a une cabane pleine d'outils, de planches, de vieux moteurs, de pots de vis et de boulons... J'arrête le moteur du quatre-roues, j'ouvre lentement la porte de la remise, je trouve vite le bidon qu'il m'a demandé, mais je ne repars pas tout de suite. Chaque fois, je m'attarde un peu, je prends mon temps, juste pour être bien, au frais, à l'ombre... Je ne sais pas trop pourquoi, mais j'aime cet endroit.

Quand il a vu que je travaillais bien, le bonhomme Desjardins a décidé de me payer. Ce n'est peut-être pas grand-chose, mais au moins je pourrais m'acheter des disques ou des vêtements, comme il le disait, ou alors des magazines automobiles...

Mais je n'ai pas acheté de disques ni de vêtements. Tout ce qu'il m'a donné, je l'ai déposé à la banque. C'était parfait pour mon plan.

Mon plan va vraiment démarrer dans un mois. Dans un mois, j'aurai seize ans et je pourrai enfin quitter l'école et faire ce que je veux. Pour commencer, je vais me chercher un emploi. Emballeur dans un supermarché, plongeur, n'importe quoi. Le travail, ça ne me fait pas peur, et je n'ai pas peur non plus de me salir les mains. L'idéal, ce serait évidemment de travailler dans un garage. Je suis prêt à faire des changements d'huile et à réparer des crevaisons pendant deux ans, s'il le faut. Ce qui est important, c'est que je puisse parler avec des mécaniciens et surtout les regarder travailler. Quand on m'explique bien et que je vois ce qu'il faut faire, je comprends vite, pas besoin de me faire un dessin. C'est ça, mon plan : je travaille, j'apprends la mécanique, ensuite j'aurai peut-être mon propre garage, mais une chose à la fois.

En attendant de réaliser mon rêve, il faut bien que j'habite quelque part, et j'ai décidé que je resterais chez le bonhomme Desjardins. Ici, au moins, j'ai ma chambre à moi. Je peux manger ce que je veux, quand je veux : le congélateur est toujours plein de repas préparés, j'ai juste à les réchauffer dans le micro-ondes. Le plus difficile, c'est de supporter la bonne femme.

Depuis un an que j'habite ici, elle ne m'a jamais adressé la parole. Rien. Pas un mot. Elle est presque toujours dans sa chambre, où elle passe son temps à écouter la radio. Le matin, elle prend sa douche, elle mange, ensuite elle compte ses pilules. Il y en a des rouges, des bleues, des vertes, des petites et des grosses, en capsules et en comprimés... Tous les médicaments qu'elle ingurgite sont supposés lui faire du bien, j'imagine, mais ça ne paraît pas : quand j'arrive face à face avec elle, dans le corridor, on dirait qu'elle ne me voit pas. C'est comme si elle regardait à travers moi, j'ai l'impression d'être transparent. Si je ne m'écartais pas de son chemin, elle me foncerait dedans. Ça ne me ferait pas tellement mal, remarquez : elle est toute petite et elle marche en se traînant les pieds, comme si elle avait un poids de cinq cents kilos sur les épaules... Comme elle ne sort jamais de la maison, elle a la peau blanche, presque translucide ; elle est tellement pâle que ça fait peur, surtout qu'elle a de longs cheveux noirs et raides. Si elle éclairait son visage par en dessous avec une lampe de poche, pour faire un éclairage de film d'horreur, je tomberais raide mort, c'est sûr. Mais ça ne risque pas d'arriver, évidemment : on ne peut pas dire qu'elle soit d'humeur à faire des blagues, la bonne femme...

Elle passe toutes ses journées dans sa chambre, toutes ses soirées aussi, mais chaque nuit, à deux heures du matin, je l'entends faire les cent pas dans le salon, juste au-dessus de ma chambre. Je suis monté sur la pointe des pieds, une fois, pour voir ce qu'elle faisait. Elle est en robe de chambre, comme d'habitude – elle est *toujours* en robe de chambre, et c'est toujours *la même* robe de chambre –, et elle marche dans le salon, c'est tout. Comme la pièce n'est pas tellement grande, elle fait sept pas dans une direction, et elle arrive à la fenêtre. Elle tourne, elle fait sept pas dans l'autre direction, et elle est en face du mur. Elle retourne à la fenêtre, et puis elle recommence, encore et encore, pendant des heures, comme un poisson dans un aquarium. C'est sinistre.

Le bonhomme fait ce qu'il peut pour tenir la maison en ordre. En plus de travailler toute la journée dans ses pommiers, il fait le marché, le lavage, la vaisselle, tout. Je suis loin d'être un expert en ménage, mais j'essaie quand même de l'aider un peu, de temps en temps: plus je le connais, plus il me fait pitié. Sa vie n'est pas drôle, mais lui, au moins, il n'essaie pas de se venger sur les autres. Quand il a fini sa journée, il s'effondre dans son fauteuil, il regarde le baseball, parfois il commence des mots croisés et il s'endort aussitôt.

Je me suis habitué à eux. Ils sont peut-être déprimants, mais ils ne sont pas dangereux.

Dans ma chambre, je me suis fait un monde juste à moi. J'écoute la radio, je regarde la télé, je m'étends sur mon lit et je fais des plans pour mon avenir, c'est cool.

Le soir, après le souper, je vais parfois m'enfermer dans la remise, juste pour regarder les outils, juste pour être seul. À chaque début de mois, je fais une encoche sur une tablette de bois, avec mon canif : il ne reste qu'un mois, Steve, tu tiens le coup pendant encore un mois, ensuite tu es libre, ensuite tu commences ta vie à toi.

▲ ▲ ▲

Il est maintenant neuf heures, la nuit est tombée, et j'approche enfin de la ferme. Pour la dixième fois depuis que je suis parti de l'école, je m'arrête et j'ouvre mon sac pour vérifier si le *Guide de l'auto* est encore là. J'ai hâte d'être enfin dans ma chambre pour le feuilleter un peu, mais en attendant, il faut que j'explique au bonhomme pourquoi j'ai cinq heures de retard, et pourquoi je ne l'ai pas appelé. Le plus simple, c'est de dire la vérité : « Je suis allé à la bibliothèque et j'étais tellement passionné par mon livre que je n'ai pas vu le temps passer… » Il ne me croira pas, c'est sûr, mais je décide d'essayer quand même : peut-être qu'il va penser que jamais je n'aurais inventé une excuse aussi débile et que c'est donc peut-être vrai…

Mais je n'ai même pas besoin de mentir, ni de dire la vérité.

Le bonhomme Desjardins m'attend dans la cuisine.

— J'ai reçu un coup de téléphone de l'école, me dit-il avant même que j'aie eu le temps de refermer la porte derrière moi. Il paraît que tu as été choisi pour une expérience pilote et que tu pourras enfin faire ce que tu as toujours voulu ? Mes félicitations, jeune homme.

Est-ce que je rêve ? J'arrive en retard, et le bonhomme me *félicite* ? Quelqu'un de l'école a téléphoné, et ce n'est pas pour se plaindre de mon comportement ? J'aurais été *choisi* pour une *expérience* ? Quelle expérience ? Et qui m'a choisi ?

J'ai presque envie de poser ces questions au bonhomme, mais il est trop occupé pour m'écouter : il plie des vêtements sur la table de la cuisine tout en regardant le baseball à la télévision, et le téléphone sonne au même moment…

Je me prépare un repas en vitesse, je me réfugie dans ma chambre, je m'installe sur mon lit et j'ouvre le *Guide de l'auto* : je regarde la Porsche Targa à toit de verre rétractable, ensuite la Lamborghini Diablo, puis je passe aux BMW… Demain, à l'école, je sais ce que je lirai pendant le cours de M. Vinet !

Une minute, Steve : est-ce que tu as bien dit à l'*école* ? Aurais-tu oublié que tu as rendez-vous avec une certaine Roxanne, dont les courbes sont encore plus agréables que celles de la Bugatti ? Roxanne et Steve. Steve et Roxanne… C'est trop beau pour être vrai, et pourtant c'est vrai, aussi vrai que le livre qui est là, devant toi…

▲ ▲ ▲

Je ne dors pas beaucoup, cette nuit-là. Aussitôt que je ferme les yeux, j'imagine que je me retrouve dans un immense lit, avec Roxanne. Mais au moment où nous allons enfin passer à l'action, j'entends des bruits de pas, tout autour de nous, comme si on nous espionnait. Je me réveille, et je finis par comprendre que j'ai une fois de plus entendu Mme Desjardins, qui fait les cent pas dans le salon.

Chapitre 4

Le lendemain, je déjeune en vitesse et je vais me poster sous le grand arbre solitaire qui me sert d'abribus. Je regarde ma montre : sept heures moins le quart. Jamais je n'ai été autant d'avance pour attendre un autobus que je ne prendrai même pas.

Je m'amuse à lancer des cailloux dans le fossé jusqu'à sept heures, quand je vois enfin l'autobus jaune apparaître à l'horizon, disparaître dans le creux du vallon et réapparaître devant moi. Le chauffeur ralentit, mais je lui fais signe de passer tout droit. Il saisit mes signaux et continue son chemin sans s'arrêter. Ça me fait tout drôle de voir l'autobus partir sans moi, surtout que j'ai le temps d'apercevoir Yan, qui m'adresse toutes sortes de simagrées par la fenêtre : *Qu'est-ce que tu fais là ?* semble-t-il me dire. *Pourquoi tu ne viens pas avec nous ?*

Comment lui expliquer, rien qu'avec des signes, que j'ai rendez-vous avec une certaine Roxanne ? Je me contente de lui adresser un salut à la manière de Jaromir Jagr quand il vient de compter un but. Salut, Yan ! Amuse-toi bien à l'école !

Jamais je n'aurais pensé dire ça un jour, mais, quand je vois l'autobus scolaire partir sans moi, je me sens un peu triste.

Je continue à lancer des cailloux dans le fossé, et je me rends compte que j'ai la gorge sèche et le cœur qui bat trop vite, comme si j'avais peur. J'essaie de me raisonner : Roxanne ne viendra pas, tu le sais bien, tu as rêvé tout ça, demain tu retourneras à l'école, comme d'habitude, tu seras convoqué au bureau du directeur pour justifier ton absence, tu inventeras n'importe quoi, et le directeur passera l'éponge : tu n'as pas fait un seul mauvais coup depuis un an, il ne va sûrement pas te condamner à la chaise électrique pour une simple absence.

Je lance encore des cailloux pendant dix minutes, puis je me convaincs que je n'ai rien à faire là, qu'il vaut mieux que je rentre à la maison. Peut-être que je pourrai aider le bonhomme Desjardins à tailler les branches de ses pommiers, ou bien j'irai m'enfermer dans la remise pour le reste de la journée, avec mon *Guide de l'auto*...

Je jette quand même un dernier coup d'œil à la route déserte et je vois apparaître, au loin, une petite tache rouge. J'attends un peu, pour voir : la tache rouge disparaît dans le vallon et réapparaît presque instantanément juste là, devant moi.

La minuscule tache rouge s'est transformée en une petite auto sport qui ressemble un peu à une Miata, mais je n'ai ni le temps ni le goût de me poser des questions au sujet de la marque : au volant, il y a Roxanne. Roxanne qui porte un chandail tellement moulant que n'importe quel homme normal voudrait sur-le-champ être réincarné en chandail, Roxanne qui, avec son plus beau sourire, me lance :

— Tu montes ?

J'ai à peine le temps de m'installer qu'elle décolle. Je n'ai pas dit qu'elle *démarre*, attention : j'ai dit qu'elle *décolle*, et c'est exactement l'impression que ça me fait. On dirait qu'un joueur de football m'a lancé une boule de bowling dans l'estomac. Je réussis à reprendre mon souffle, j'attache ma ceinture…

— Tu n'as pas peur, j'espère ? demande Roxanne avec un sourire en coin.

Je fais non de la tête, même si je pense le contraire : cette fille-là conduit comme une folle. Toujours la pédale au fond, même dans les virages, et on dirait qu'elle attend toujours le pire moment pour dépasser : si on est dans une ligne droite, elle ralentit. Mais aussitôt qu'on s'engage dans une courbe, elle fonce. Et si elle aperçoit un camion arriver en sens inverse, elle se dirige droit vers lui et ne regagne sa voie qu'au dernier moment. Parfois, nous passons tellement près que je vois les yeux exorbités des chauffeurs. Tout ce que je souhaite, c'est de ne pas tomber sur un camionneur cardiaque.

Je ne sais toujours pas quelle est la marque de son automobile, mais je peux vous dire que ce n'est certainement pas un moteur qu'il y a sous le capot : c'est une bombe. Et je comprends vite que Roxanne conduit peut-être comme une folle, mais qu'elle sait conduire : elle garde toujours son calme et semble contrôler à la perfection chacun de ses gestes. Jamais je n'ai vu quelqu'un d'aussi sûr de lui, au point que c'en est terrifiant.

Elle essaie de me faire peur, c'est évident. Et elle réussit. Quand elle se livre à une de ses manœuvres dangereuses, j'ai juste envie de fermer les yeux et de prier le bon Dieu, mais j'essaie plutôt de regarder la conductrice : si jamais je meurs, j'aurai au moins eu un avant-goût du paradis. Jamais je n'ai vu une fille aussi belle, même dans les magazines de Yan, et ça aussi, c'est terrifiant.

Nous roulons pendant une demi-heure, puis Roxanne ralentit devant une station-service. Je crois d'abord qu'elle veut faire le plein d'essence, mais elle ne s'arrête pas aux pompes, ni à la station. Elle contourne plutôt le bâtiment et se dirige vers la cour, où se trouvent de vieilles remorques, des carcasses de camions et des autobus scolaires rongés par la rouille. Elle fait du slalom entre les camions, et nous nous retrouvons bientôt, à ma grande surprise, sur une route de terre qui s'enfonce dans la forêt. Jamais je n'aurais deviné qu'une route partait de là, et encore moins que cette route nous mènerait à une piste de course.

Quand Roxanne s'arrête enfin, nous sommes bel et bien sur une piste de course, une véritable piste avec des estrades, des puits de ravitaillement, des piles de pneus et des ballots de paille, sans oublier les affiches d'huile à moteur, de bière et de cigarettes.

Pourquoi une telle piste se trouve-t-elle en pleine forêt, au milieu de nulle part ? Comment se fait-il qu'il n'y ait aucune indication pour y arriver ? Ce n'est quand même pas normal d'être obligé de traverser un cimetière de camions pour y accéder, comme si c'était une piste secrète…

Une piste secrète ?

Il y a une rumeur que j'ai souvent entendue, à l'école. Une rumeur tellement folle que j'ai toujours pensé que ce n'était qu'une rumeur, justement.

Une rumeur à propos d'une piste clandestine, au milieu de la forêt, où des pilotes professionnels viendraient s'entraîner secrètement. Une piste sauvage, où il n'y a évidemment pas de policiers pour donner des contraventions, mais où il n'y a pas non plus de règlements, où toutes les tactiques sont permises. Selon la même rumeur, quand il y a des accidents sur cette piste, les autos sont aussitôt compactées et enterrées. Quant aux pilotes, personne ne sait ce qu'ils deviennent.

Comme j'ai été renvoyé de quatre écoles avant d'aboutir ici, je suis bien placé pour vous dire que des rumeurs dans ce genre-là, il y en a partout. J'ai déjà entendu parler de l'auto-stoppeur fantôme, de la trappe dans la salle d'essayage du magasin de vêtements, de la traite des blanches et du trafic d'organes, des automobiles qui fonctionnent à l'eau, et même de la piste-sauvage-au-milieu-de-la-forêt. Chaque fois qu'on a essayé de me faire marcher, j'ai répondu en demandant si c'est sur cette piste qu'Elvis Presley s'entraîne avec des extraterrestres...

D'habitude, on me fiche la paix. Mais d'habitude, je suis dans une cafétéria d'école ou dans un corridor. D'habitude, je suis dans une salle de classe en train de rêvasser, ou dans la remise du bonhomme Desjardins, ou dans mon lit... D'habitude, le mot *habitude* veut dire quelque chose. Mais depuis quelque temps, plus rien n'a de sens. Je serais supposé être à l'école en train de me traîner les pieds dans un corridor, et me voici dehors, en train de marcher sur l'asphalte brûlant d'une piste de course…

Roxanne a quitté son auto et m'a fait signe de la suivre. Elle se dirige vers un petit groupe d'hommes qui nous attendent devant la porte d'un hangar. Cinq hommes plutôt petits, chauves et bedonnants, qui pourraient être des clones de M. Vinet. Ils portent tous des sarraus blancs et des lunettes de protection du genre de celles que portent les soudeurs. J'imagine que ce sont des ingénieurs. En tout cas, ce ne sont pas des hommes normaux : plutôt que de regarder Roxanne, ils me regardent, *moi*.

Ils ont tous un calepin dans les mains, et ils se mettent à me dévisager et à m'examiner, tout en cochant des cases et en prenant des notes. Personne ne me parle, personne ne me regarde dans les yeux. Si l'un d'entre eux m'ouvrait la bouche pour examiner mes dents, comme on le fait avec les chevaux, ça ne me surprendrait pas : j'ai l'impression d'être une chose, ou un animal – n'importe quoi d'autre qu'un être humain.

— Ça devrait aller, finit par dire un des ingénieurs, et les autres hochent la tête. Qu'on lui donne une voiture.

— Il s'appelle Steve, dit Roxanne, mais personne ne l'écoute, et personne non plus ne semble intéressé à noter ce détail sur son calepin.

La porte du hangar s'ouvre au même moment, les ingénieurs s'écartent du chemin, et deux mécaniciens vêtus de bleu font rouler jusqu'à nous le véhicule le plus bizarre que j'ai jamais vu.

Ce n'est pas vraiment une automobile, même si la *chose* possède quatre roues, un réservoir d'essence et un moteur : elle n'a pas de phares, pas de pare-brise, pas de carrosserie ni de tableau de bord. Elle n'a pas non plus de fauteuil ni de banquette, seulement un siège en fibre de verre. En face du siège, un volant, évidemment, mais pour le reste, je ne sais vraiment pas quoi dire... Essayez d'imaginer un assemblage incompréhensible de pièces de métal et de fils électriques... Ou plutôt, non : imaginez plutôt un squelette avec des roues et un moteur. C'est exactement l'idée que j'ai en voyant arriver ce véhicule devant moi : un squelette noir, avec un moteur.

— Il y a suffisamment de carburant dans le réservoir pour une cinquantaine de tours, dit un des ingénieurs. Ça devrait suffire pour aujourd'hui.

— Elle a tendance à sous-virer, ajoute le deuxième, mais on va l'ajuster, n'ayez pas peur.

Il me parle aussi de soupapes et de catalyseur, mais pour moi, c'est du chinois. Ce qui n'est pas du tout du chinois, par contre, c'est ce que le troisième ingénieur me dit quand je me penche sur le véhicule :

— C'est ce que vous avez toujours voulu, non ?

Ce que j'ai toujours voulu ? C'est la quatrième fois en deux jours que j'entends cette phrase : M. Vinet, Roxanne, le bonhomme Desjardins, et enfin cet ingénieur que je ne connais pas, ils ont tous la même phrase dans la bouche, mot pour mot. Pourquoi imaginent-ils que j'ai toujours rêvé de conduire un squelette à moteur ? Comment se fait-il que tout le monde sache ce que j'ai toujours voulu alors que, moi, je ne l'ai jamais su ?

Je m'approche du véhicule, j'en fais le tour, j'observe. J'aperçois une pédale, à droite. L'accélérateur, sans doute. À gauche, une autre pédale. Le frein. Entre les deux, rien, et ça me rassure : c'est donc une transmission automatique, ça devrait être facile à conduire… Il n'y a pas de tableau de bord, pas de compte-tours ni d'indicateur de vitesse, pas de clé de contact non plus, juste une sorte de commutateur… À côté du siège, j'aperçois une boîte de vitesse rudimentaire : il n'y a que deux vitesses, si je peux dire : le neutre et le *drive*… Ce n'est pas plus compliqué à conduire qu'un kart, après tout, et la piste est déserte… Qu'est-ce que je risque à essayer ?

Chapitre 5

Il faut être souple pour s'introduire dans cette ferraille, mais le siège n'est pas aussi inconfortable que je le croyais. Avec le pied, je touche les pédales, pour tester leur résistance : les freins ne sont pas assistés, évidemment. Mon squelette motorisé me semble lourd, il faudra appuyer bien à fond sur la pédale, et ça risque d'être dur pour les mollets, à la longue. Le volant n'est sûrement pas assisté lui non plus, je ne sais pas comment il réagira… On verra bien.

J'appuie à fond sur le frein, j'abaisse le commutateur qui semble servir de démarreur et j'entends le bruit du moteur, derrière moi. Un bruit sourd et profond, comme un coup de tonnerre qui part du sol et fait vibrer mon siège, un long roulement de tonnerre qui ne finit jamais... J'aime cette sensation. Je garde toujours le pied solidement sur le frein pendant que j'enclenche sur *drive* : on dirait que je viens de grimper sur le dos d'un cheval sauvage qui n'attend que mon signal pour bondir. Je lâche le frein, j'appuie doucement sur l'accélérateur et je pars.

L'accélérateur est tellement sensible que je réussirais à le faire réagir rien qu'en soufflant dessus. Le moteur donne quelques coups saccadés au début, mais j'arrive vite à contrôler la pression. Pour les freins, c'est le contraire : il faut que j'appuie de toutes mes forces pour obtenir une petite réaction. Il faudra faire attention à toi, Steve : ce n'est pas un jeu vidéo, et tu n'as qu'une seule vie.

Pourquoi est-ce que je me presserais, de toute façon ? L'ingénieur n'a-t-il pas dit que j'avais du carburant pour cinquante tours ? Pour le premier, je me contente de faire comme si je conduisais le tracteur du bonhomme Desjardins, ce qui me donne tout le temps pour m'habituer à mon véhicule et observer la piste.

Au début, il y a une longue ligne droite, suivie de trois courbes très serrées qui m'obligent à faire des zigzags – je pense qu'on appelle ça une *chicane*, et le mot est bien trouvé : pour passer, il faut se chicaner avec la route, et on ne sait jamais comment on va s'en sortir. Il y a ensuite deux courbes prononcées, toutes deux vers la droite, suivies d'une autre beaucoup plus longue vers la gauche ; on débouche alors sur une autre ligne droite qui traverse une pinède, suivie d'une forêt de feuillus. À la fin de la forêt, encore quelques courbes qui ne présentent aucune difficulté particulière, puis c'est le retour au point de départ. La chaussée est parfaite, sans nids de poules ni dos d'ânes, et il y a des piles de pneus et des ballots de paille tout au long de la piste, même dans les lignes droites. Je n'ai jamais vu d'asphalte aussi lisse. Si c'est ça qu'on appelle une piste sauvage, je me demande bien comment on devrait qualifier la route qui mène à mon école ! La suspension de mon véhicule a beau être très dure, je ne sens pas la plus petite bosse, c'est comme si je roulais sur un billard... Qu'est-ce que je risque à aller plus vite ?

Me voici à la fin de mon premier tour. Je jette un coup d'œil aux estrades, où j'aperçois les ingénieurs, qui semblent occupés à prendre des notes, mais je ne vois pas Roxanne. Pas moyen non plus d'apercevoir son automobile. Serait-elle partie sans moi ? M'a-t-elle abandonné à ces ingénieurs bedonnants ? Essayons de ne pas y penser. J'ai encore quarante-neuf tours de piste à faire, pourquoi est-ce que je ne m'amuserais pas un peu ?

Aussitôt les estrades passées, j'appuie sur le champignon. Une infime pression du pied suffit à me faire décoller, comme dans l'automobile de Roxanne, sauf que c'est moi qui contrôle, maintenant, c'est moi qui décide ; je suis le roi, mais un roi prudent : j'appuie sur le frein bien avant d'aborder la chicane, mais je sens quand même les roues glisser quand je tourne ; je dérape vers la droite... Plutôt que de freiner, j'appuie un peu sur l'accélérateur, et les pneus retrouvent leur mordant. Génial.

J'appuie encore plus fort sur l'accélérateur en traversant la forêt de pins, tellement fort que je prends trop vite le virage suivant. Je quitte la piste et je passe à un cheveu de percuter le mur de pneus... On se calme, Steve, on se calme, rien ne presse.

Au dixième tour, je commence à connaître le circuit par cœur et à deviner les réactions de mon véhicule. Je ne suis pas un expert, évidemment, mais je peux me permettre de relaxer.

Au vingtième tour, je fais des expériences en prenant des risques calculés : qu'est-ce qui se passerait si j'empiétais sur l'accotement pour sortir plus vite de la chicane ? Est-ce que mes pneus n'auraient pas une meilleure adhérence si j'accélérais un peu plus tôt dans la courbe ? J'apprends quelque chose de nouveau à chaque tour de piste, et j'ai bientôt l'impression que mon cerveau est un disque dur sur le point d'être saturé. Tout mon corps se durcit, comme si je me transformais en machine. Quand je passe devant les estrades, à présent, je ne regarde même plus les ingénieurs, ni quoi que ce soit d'autre, d'ailleurs : il y a moi, il y a la route, et c'est tout. Il y a aussi mon véhicule, c'est vrai, mais j'ai l'impression qu'il fait maintenant partie de moi. Mes mains serrent si fort le volant qu'elles sont soudées à lui. Je ne sais plus si c'est le moteur qui me fait vibrer ou moi qui fais vibrer le moteur. J'aime ça. J'aime ça comme un fou, du moins jusqu'au quarante-sixième tour, alors qu'il se produit un incident inquiétant.

Ce n'est rien, pourtant. Un simple détail. Un détail insignifiant, mais qui vient gâcher mon plaisir. Au milieu de la deuxième ligne droite, celle qui traverse la forêt, j'entre en collision avec… une guêpe. Ça peut sembler ridicule, je sais, mais avez-vous déjà vu une guêpe s'écraser dans le pare-brise d'une automobile qui roule à toute vitesse ? Pouvez-vous imaginer ce qui se produirait s'il n'y avait pas de pare-brise et que vous receviez la guêpe dans le front ? Si vous n'y arrivez pas, je vais vous le dire, moi, ce que ça fait : ça fait mal. C'est comme du feu, comme une brûlure de fer à souder. On n'en meurt pas, c'est sûr, mais ça porte à réfléchir : qu'est-ce qui se serait passé si j'avais reçu la guêpe dans un œil, au moment précis où je négociais un virage ?

Je fais les quatre derniers tours plus lentement, tellement lentement que je me sens au volant de la tondeuse à gazon du bonhomme Desjardins. J'ai juste envie de profiter au maximum des derniers tours pour observer les alentours de la piste : après la pinède, la forêt de feuillus est très touffue, sauf à l'endroit où la guêpe m'a frappé. La forêt m'a semblé dégagée à cet endroit, comme si... Ça y est, j'y suis. Je roule si lentement que je peux dissiper tous mes doutes : c'est bel et bien un cimetière que je vois là, sous les arbres. Il n'y a pas de maison ni d'église, seulement un cimetière. Un cimetière perdu dans la forêt, à côté d'une piste de course... Et si c'était vrai, ces rumeurs d'automobiles qu'on enterre et de pilotes qui disparaissent ?

Cette fois-ci, mon disque dur est vraiment saturé.

▲ ▲ ▲

Je reviens au hangar, je me stationne devant le groupe d'ingénieurs, je m'extirpe de mon squelette à moteur, et je commence à paniquer : je ne sens plus mes mains, j'ai toutes les peines du monde à me déplier le dos, j'ai les jambes en compote et je ne comprends plus rien. Les ingénieurs parlent entre eux, à deux pas de moi, mais je ne saisis pas un mot de ce qu'ils racontent. Ce n'est pas parce qu'ils parlent en chinois ou en jargon d'ingénieur : je n'entends rien, rien du tout, comme si j'étais devenu complètement sourd !

Je finis par comprendre que le moteur est peut-être arrêté, mais qu'il continue de vibrer dans ma tête, ce qui explique ces bourdonnements dans mes oreilles. Après quelques minutes, elles commencent à se débloquer, mais je ne comprends pas plus ce que me disent les ingénieurs, pour la bonne raison qu'ils ne me parlent pas. Ils m'ont laissé là au milieu de la piste, comme si je n'étais pas plus important qu'un cadavre de mouche écrasé sur l'asphalte.

Je fais quelques pas en direction du hangar, et j'ai l'impression d'être un vieil ivrogne : j'ai les jambes flageolantes, je me sens étourdi, je marche en zigzag...

— C'est à cause de tes oreilles, me dit Roxanne.

Je me retourne et je l'aperçois juste derrière moi, au volant de sa petite automobile rouge. Est-ce que je serais encore un peu sourd ? Comment se fait-il que je ne l'aie pas entendue s'approcher ?

Je contourne son auto, je m'assois à côté d'elle.

— Quand on arrête de tourner en rond, poursuit Roxanne, il y a un liquide qui continue à tourner dans l'oreille interne, c'est ce qui donne une impression d'étourdissement. C'est normal.

Je regarde Roxanne en attachant ma ceinture, et j'ai l'impression que ce ne sont pas seulement mes oreilles qui fonctionnent mal parce que j'ai du mal à la reconnaître. C'est bien elle pourtant, j'en suis sûr, elle est toujours aussi belle, mais elle me semble maintenant moins spectaculaire, comme si elle s'était un peu *dégonflée*, si vous voyez ce que je veux dire. Mais peut-être que ce n'est qu'une impression, peut-être qu'elle a simplement changé de chandail et que celui-ci est un peu moins moulant… Ou peut-être qu'il y a du liquide qui tourne dans mes yeux internes ? Je sens que beaucoup de choses tournent trop vite, en fait…

— Je n'ai pas pu assister à ton essai, me dit encore Roxanne, mais tu as réussi à étonner les ingénieurs. Que tu fasses un premier tour aussi lent, on peut comprendre, mais le dernier ? Les autres y mettent toute la gomme, d'habitude…

— ... Les autres ?

— Tu n'imaginais quand même pas que tu étais le seul à avoir été choisi, Steve ?

Je n'ose pas lui demander par qui j'ai été choisi, ni comment, et encore moins pourquoi. Quand on pose des questions, on peut s'attendre à s'en faire poser à son tour. Et si elle me posait des questions, je serais obligé de lui avouer que, dans toute ma vie, tout ce que j'ai conduit, c'est la tondeuse du bonhomme Desjardins, parfois son tracteur ou son quatre-roues avec une remorque attachée derrière… J'ai une bonne expérience de pilote de rallye, c'est vrai, mais seulement dans mes cours de français, au volant de mon pupitre. J'ai survécu à des dizaines d'accidents de formule 1, mais c'était dans des jeux vidéo… Vont-ils finir par s'apercevoir que je n'ai même pas de permis de conduire ? Je ne suis pas un as du volant, Roxanne, je suis un deux de pique. Pourquoi est-ce qu'on mettrait une voiture de course à ma disposition, comme ça, pour rien ? À moins… à moins qu'on me prenne pour quelqu'un d'autre ? À moins que quelqu'un soit allé fouiller dans mon passé ?

— On passera te prendre demain matin à la même heure, dit Roxanne en me laissant en face du chemin qui mène chez le bonhomme Desjardins.

Déjà arrivés ? J'ai l'impression que Roxanne a conduit beaucoup plus lentement que ce matin, et pourtant le trajet s'est fait deux fois plus vite. Elle m'adresse un étrange sourire un peu triste, puis elle dit « Bonne chance,

Steve» sans me regarder dans les yeux, et elle me laisse là, planté au milieu de la route, les jambes encore molles, l'esprit étourdi…

Je marche lentement vers la maison, je prends une douche, je me dégèle un repas et, comme je suis seul et que je ne sais pas trop quoi faire de mes dix doigts – Mme Dépression est dans sa chambre, et le bonhomme s'occupe de ses pommiers –, je décide que la pelouse a besoin d'être tondue. C'est fou, mais ça me fait du bien de rouler lentement. On dirait que je tourne dans l'autre sens et que c'est bon pour mon équilibre.

Chapitre 6

J'ai dormi comme une roche et j'aurais continué à dormir jusqu'à midi si le réveil n'avait pas sonné. J'ouvre un œil, puis l'autre : il faut que je me lève pour aller à l'école… Mais non, Steve, c'est fini l'école, c'est plutôt Roxanne qui viendra te chercher… Mais non, ce ne sera pas Roxanne, elle a dit *on* viendra te chercher, et *on*, ça veut dire n'importe qui sauf Roxanne… Je me sens mêlé, fatigué… Qu'est-ce qu'ils vont faire de moi, aujourd'hui ? Qu'est-ce qu'ils me veulent ?

Je me lève, je bois mon jus d'orange en regardant dehors : il pleut. D'habitude, la pluie ne me dérange pas. Mais ce matin, je regarde l'eau dégouliner dans la fenêtre et je pense à des pneus qui dérapent, à des virages trop raides...

En mangeant mes céréales, je me rends compte qu'il y a quelque chose qui cloche, quelque chose de bien plus important que les pneus : le squelette à moteur qu'on m'a fait conduire n'a pas de toit ni de pare-brise, et moi, je n'ai pas de casque ni de visière. *Ils* ne me feront pas conduire sous la pluie, c'est impossible. Vont-ils annuler la séance d'entraînement ?

Je prends un parapluie et je vais me poster sous le grand arbre solitaire à sept heures vingt, bien après le passage de l'autobus scolaire.

À sept heures trente pile, une fourgonnette noire s'arrête devant moi. La porte s'ouvre, je monte. Au volant, une bonne femme qui ne ressemble pas du tout à Roxanne. Ce serait plutôt le genre brigadière scolaire, ou secrétaire, ou bibliothécaire, si vous voyez ce que je veux dire : le genre de bonne femme qui n'existe pas vraiment ou qui n'a pas envie d'exister, je ne sais pas trop, et qu'on n'a pas envie de regarder. Ça tombe bien, on dirait : elle n'a pas envie de me regarder, elle non plus.

Sur la deuxième banquette, il y a un jeune de mon âge. Un jeune normal, avec une casquette. Il ne veut pas me parler, et c'est clair : il se tord le cou pour ne pas me voir.

Je vais donc m'asseoir sur la troisième banquette, je regarde la pluie s'écraser contre la vitre et je commence à m'ennuyer sérieusement de l'autobus scolaire : dans notre autobus jaune, au moins, il y a des jeunes qui se parlent, et Yan qui fait des blagues, et un chauffeur qui nous dit « Bonjour » quand on monte et « Bonne journée » quand on arrive à l'école…

Dans cette fourgonnette noire comme un corbillard, personne ne parle. Il n'y a pas d'autre musique que celle des essuie-glaces, et celui de droite n'arrête pas de grincer. C'est lugubre.

Nous ne roulons heureusement pas très longtemps. La chauffeuse immobilise son véhicule devant un édifice qui ressemble à un gros cube de béton posé au milieu d'un champ et elle arrête le moteur. Nous sommes arrivés à destination, j'imagine… Je me décide à sortir, bientôt suivi par mon compagnon de route.

Quelques pas sous la pluie froide, et nous nous retrouvons dans une salle d'attente déserte. Mon compagnon me tourne le dos et va s'asseoir le plus loin possible, alors je me choisis un fauteuil et je fouille dans une pile de magazines. *Road and Track*, *Car and Drive* : il n'y a rien d'autre que des magazines automobiles. Je choisis la plus belle couverture (une fille en bikini étendue sur le capot d'une Jaguar) mais avant que j'aie eu le temps de l'ouvrir, une infirmière vient me chercher.

Impossible que cette infirmière-là ne soit pas la sœur de Roxanne : elle est aussi belle, aussi bien roulée dans son uniforme bien ajusté... Elle me conduit dans une salle où m'attendent d'autres infirmières et des techniciennes tout aussi belles, et je passe la matinée à subir des tests : elles m'auscultent, mesurent ma pression et ma température, me font pédaler sur une bicyclette stationnaire et calculent mon pouls, prélèvent des échantillons de sang et de peau, prennent des radiographies et examinent mes yeux... Jamais je n'ai subi un examen aussi poussé, et jamais je n'ai été aussi bien traité : on me sourit, on s'excuse pour un retard de deux minutes, on me propose des collations… Je me sens comme un sultan dans son harem.

Plus les infirmières sont gentilles avec moi, plus je me dis que je ne suis plus dans la vraie vie, que j'ai été transporté dans un monde de rêve. Il ne peut pas y avoir autant de belles filles au même endroit, c'est impossible. Mais si je vis dans un monde de rêve, comment se fait-il que je ressente une vraie douleur quand on me fait une prise de sang ? Pourquoi est-ce que je m'inquiète quand une infirmière me coupe une mèche de cheveux et la dépose précieusement dans un sachet de plastique ?

On me conduit ensuite dans le bureau d'un médecin, un vieux bonhomme à lunettes qui parcourt rapidement des yeux une pile de rapports en murmurant des « Excellent ! » et des « Parfait ! ». Je suppose que je devrais m'en réjouir.

Quand il a fini de lire ses rapports, il lève les yeux sur moi et me dit, avec un grand sourire aux lèvres, des mots qui me font froid dans le dos :

— Tout est parfait, Steve. Tu vas enfin pouvoir nous montrer ce que tu sais faire. *C'est ce que tu as toujours voulu, non ?*

▲ ▲ ▲

Cet après-midi-là, j'arrête de me demander si j'ai été transporté dans un monde de rêve : je suis dans un cauchemar, et c'est le plus vrai des cauchemars.

D'abord, il y a un voyage en corbillard, un long voyage sous la pluie qui nous conduit jusqu'à la piste de course, où je suis accueilli par la même équipe d'ingénieurs. Ils ont toujours l'air aussi joyeux que des masques à gaz, et ils semblent toujours incapables de me regarder dans les yeux.

Ils ont toutefois une belle surprise pour moi : une veste, une magnifique veste en cuir, style aviateur, avec mon prénom écrit en grosses lettres dans le dos. C'est une veste super, mais ils ont l'air gênés que je les remercie.

Mon compagnon silencieux reçoit une veste lui aussi, ce qui me permet enfin d'apprendre son nom quand une fois de plus il me tourne le dos : FRANCIS. Salut, Francis, enchanté de faire ta connaissance…

Deux mécaniciens poussent ensuite vers nous des véhicules aussi bizarres que celui de la veille, mais avec des carrosseries cette fois-ci, de même que des pare-brise, des essuie-glaces et des rétroviseurs. Pas moyen de voir la marque de ces véhicules, qui ne ressemblent à rien de ce qu'on voit sur les routes, ni même dans les magazines automobiles, quand ils nous montrent des prototypes bizarres.

À l'intérieur, c'est toujours le même confort minimum : pas de tableau de bord ni d'instruments, pas de tapis ni de rembourrage, seulement du métal partout.

Quand je m'installe au volant, je me sens glacé. Mais aussitôt que le bruit assourdissant du moteur se fait entendre, la chaleur devient insupportable. J'ai l'impression d'être enfermé dans une sécheuse. Impossible d'abaisser la vitre : il n'y a pas de manivelle. J'actionne les essuie-glaces, j'appuie doucement sur l'accélérateur, toujours aussi sensible… Si j'en juge par le son, c'est le même moteur qu'hier, le même véhicule auquel on a simplement ajouté une carapace pour le protéger de la pluie.

Au moment où je lâche le frein, je me sens poussé par un coup de vent : Francis vient de passer en trombe à côté de moi. Je ne l'ai pas vu venir, celui-là, et je ne le verrai pas longtemps non plus : j'ai à peine le temps de me mettre en piste qu'il a disparu dans la chicane. Vas-y, mon vieux Francis, je te laisse la piste. Moi, je préfère tester un peu mes pneus avant de rouler comme un fou.

Je roule en pépère jusqu'à la pinède, et tout va bien. Il faut aller moins vite que sur une chaussée sèche, évidemment, mais je peux quand même me permettre d'accélérer. Tout juste avant la fin de la ligne droite, je vois l'auto de Francis apparaître dans mon rétroviseur. Deux secondes plus tard, il me dépasse. Quand il est à ma hauteur, il me montre son majeur. Vraiment sympathique, ce gars-là. J'accélère un peu, mais pas trop : personne ne m'a dit que j'étais obligé de faire la course avec lui.

Trois tours plus tard, et toujours dans la même ligne droite, je vois réapparaître Francis dans mon rétroviseur. Une fois de plus, il me dépasse ; une fois de plus, il me montre son majeur. Pour couronner le tout, il profite de ce que mon pare-brise est maculé de boue pour me faire une queue de poisson tellement vicieuse que je suis obligé de donner un coup de volant pour éviter la collision. Pendant un moment qui me paraît interminable, je perds totalement le contrôle de mon auto et je me mets à faire des tête-à-queue : je tourne une fois, deux fois, trois fois sur moi-même, pour finir par m'immobiliser dans des piles de pneus.

Je réussis à me remettre en piste et je me sens étrangement calme, comme si la colère, plutôt que de me taper sur les nerfs, avait sur moi l'effet d'un comprimé de valium.

Tu veux t'amuser, Francis ? On va s'amuser à deux... Je me remets en route et je fais exprès de ne pas rouler trop vite. Quand je vois apparaître Francis dans mon rétroviseur, je me tasse vers la droite, comme si je voulais le laisser passer. Il accélère, mais au moment où il s'apprête à me doubler, je donne un coup de volant. Francis n'avait pas prévu la manœuvre : il se met à faire des tête-à-queue, lui aussi, et se retrouve dans une pile de pneus.

Je roule ensuite de plus en plus vite, ce qui me permet de faire une bonne dizaine de tours sans revoir l'auto de Francis, ni devant ni derrière. La piste est tellement longue que nous pouvons facilement ne plus jamais nous croiser. Il suffit de garder la même vitesse et... bye bye, Francis ! Je garde toujours un œil sur le rétroviseur et je m'amuse à prendre les courbes le plus rapidement possible, en dérapant juste ce qu'il faut. J'ai presque oublié Francis quand il me prend par surprise à la sortie d'un virage. Il est là, devant moi, *en face* de moi, et il me fonce dessus. Ce gars-là n'est pas seulement fou, il est dangereux. J'aurais envie de reculer pour éviter la collision, mais ce n'est pas possible, évidemment. Je décide de foncer et de virer à droite à la dernière seconde. S'il décide de virer de l'autre côté, on s'en sort. Sinon…

Sinon, je n'ai pas le temps d'y penser : je fonce et, au dernier moment, je vire à droite en me fermant les yeux…

Je m'attends à une explosion, mais je n'entends rien d'autre que le son de mon moteur. J'ouvre les yeux juste à temps pour apercevoir une pile de pneus. Je braque mon volant, je dérape, mais je réussis à retrouver la piste. Je jette un coup d'œil à mon rétroviseur, mais je suis déjà trop loin. Il me faudra un autre tour de piste pour savoir ce qui est arrivé à Francis : son automobile est écrasée dans des pneus, sous une affiche de cigarettes, et elle a pris feu.

Je m'approche, je m'arrête, je sors de mon auto, je regarde dans celle de

Francis : il n'y est plus. Je suppose que des ambulanciers sont venus le chercher.

Je regagne mon auto et je roule lentement jusqu'aux estrades, où m'attendent les ingénieurs.

— Félicitations ! me dit l'un d'eux, et c'est la première fois qu'un de ces hommes me sourit, la première fois qu'on me regarde.

— La prochaine fois, me dit un deuxième, ne t'arrête pas. Ce ne sont pas tes affaires.

— Chacun son travail, complète un troisième. Le tien, c'est de rouler.

Je regarde autour de moi pendant que ces hommes continuent à me féliciter et à me donner des conseils : je vois des estrades, des hangars, des garages, mais comment se fait-il qu'il n'y ait pas d'infirmerie, ni d'ambulance, ni de camion de pompiers ? Au loin, au-dessus des arbres, je vois une colonne de fumée noire monter dans le ciel... Combien de temps vont-ils laisser brûler l'automobile ? Où Francis est-il passé ? Je n'ai pas le temps de me poser d'autres questions : je sens une main se poser sur mon épaule, une grosse main moite et dégueulasse.

— Je savais que je pouvais compter sur toi, Steve.

Je reconnais la voix, une voix que je n'ai pas du tout envie d'entendre.

Je me retourne : l'homme qui vient de poser sa grosse patte humide sur moi ne porte pas de sarrau blanc, comme les ingénieurs, ni de combinaison bleue, comme les mécaniciens, mais un complet imbibé de sueur, qui contient difficilement des tonnes de bourrelets. On dirait le bonhomme Michelin, mais en moins sympathique. On voit parfois des gens qui font tenir un crayon sur leur oreille. Lui, il pourrait en faire tenir dix dans les replis de son cou. Mais ce ne serait pas une bonne idée : il pourrait les oublier là, et les crayons pourriraient dans un mélange de sueur et de restes de repas. Certains hommes ont des doubles mentons, lui il en a des quadruples. Il a évidemment des dizaines de bedaines – il en a même dans le dos. Il a de l'embonpoint jusque dans le front, comme un vieux chien chinois. Des plis de graisse lui retombent sur les yeux, si bien que la lumière ne peut pas passer. Sous son complet toujours mouillé de sueur et sous la tonne de graisse, il y a peut-être un cœur, mais ce n'est pas évident. Ou alors un petit cœur de rien du tout, entièrement occupé à pomper le sang dans les tissus adipeux…

Je vous présente le lieutenant Allard. C'est lui qui m'a arrêté, quand j'ai fait mon dernier coup. J'aurais dû m'attendre à le revoir, un jour ou l'autre, mais j'aurais préféré que ce soit l'autre. N'importe quel autre, si possible dans une autre vie.

— Je savais bien que tu finirais par avouer, mon Steve…

Chapitre 7

Il faut que je vous raconte cette histoire-là, je n'ai pas le choix. C'est arrivé l'année dernière, avant que j'aboutisse chez le bonhomme Desjardins. J'en étais à ma septième ou huitième famille d'accueil, je ne sais pas trop, et ça allait vraiment mal.

Je vivais dans une grosse maison de riches, avec une salle de billard, un cinéma maison et une piscine creusée. C'était le paradis, mais un paradis où les dieux étaient fous. La mère était paranoïaque. Elle imaginait que tout le monde lui volait ses kleenex ou ses cotons-tiges. Chaque matin, elle mesurait son ruban de soie dentaire et elle criait au voleur si elle pensait qu'il en manquait un centimètre. Elle allait s'en plaindre à son mari, qui était toujours content d'entendre sa femme se plaindre.

— Je vais encore être obligé de te punir, me disait-il en me regardant d'un air pitoyable.

Mais au fond de lui-même, il était heureux. Cet homme-là aimait les punitions.

Un vrai malade.

Il avait un bureau, dans le sous-sol de sa grosse maison de riches, un bureau qu'il fermait à clé et dans lequel il entreposait des centaines de livres qu'il ne lisait jamais, et des centaines de revues qu'il *lisait* très souvent. Je n'ai jamais su ce qu'il y avait dans ces magazines, mais je ne pense pas qu'il y était question de tricot.

Quand il fallait qu'il me *punisse*, il me demandait de descendre avec lui dans ce bureau.

Il s'assoyait dans son gros fauteuil de cuir, il installait des piles de livres devant lui pour que je ne voie pas ce qu'il faisait et il me parlait sans jamais me regarder. Il me disait des trucs bizarres avec une voix chevrotante et en respirant de plus en plus fort :

— Je ne lèverai jamais la main sur toi, Steve, tu n'as pas à t'inquiéter, tu n'auras jamais à te plaindre de moi, c'est plutôt moi qui aurais besoin d'être puni, tu ne penses pas que j'aurais besoin d'être puni, Steve ? Il faut que je sois puni, c'est tout ce que je mérite...

Je pense qu'il s'attendait à ce que je réponde, à ce que je me fâche, mais je ne disais rien : si je l'avais engueulé, il aurait peut-être été encore plus excité, comment savoir ce qui se passe dans l'esprit de ce genre de malade...

Ça ne durait jamais longtemps, heureusement. Je restais là, à ne rien dire, pendant qu'il feuilletait ses revues. Il ne m'a jamais touché, mais je me sentais sale juste d'être là.

Au début, il me convoquait à son bureau une fois par semaine, la plupart du temps le dimanche. Mais comme son épouse était de plus en plus folle, il était *obligé* de me convoquer de plus en plus souvent, pour me *punir*... Comme il devenait de plus en plus rouge et qu'il soufflait de plus en plus fort, j'ai eu peur qu'il passe à une autre étape.

Qu'est-ce que je pouvais faire ? Appeler les policiers pour dénoncer un homme qui feuilletait des magazines ? Lui payer un abonnement à vie chez le psychiatre ? Je voulais sortir de là, et vite. Alors j'ai fait un coup.

J'ai appelé mon ami Steph, que j'avais connu dans une autre famille d'accueil, où le bonhomme avait une piscine, lui aussi. Il voulait toujours nous montrer à nager, mais en fait, ce qui l'intéressait, c'était de nous tripoter un peu. Steph et moi, on s'était sauvés de là en lui volant son auto, et c'est exactement le même plan que j'avais en tête cette fois-là.

J'ai téléphoné chez Steph, je lui ai parlé de la grosse Cadillac toute neuve du bonhomme chez qui je vivais, on n'aurait même pas besoin de forcer la serrure, vu que je pouvais facilement piquer les clés, on emprunte la Cadillac et on se sauve, qu'est-ce que tu penses de ça, mon Steph ?

Steph avait besoin de changement dans sa vie, lui aussi, alors il a dit d'accord.

À deux heures du matin, quand tout le monde dormait, je suis sorti par la fenêtre du sous-sol et je suis allé rejoindre Steph, qui m'attendait dans la rue. Je lui ai donné les clés, il s'est installé au volant et on a roulé comme des fous pendant… pendant même pas dix minutes, mais ces dix minutes m'ont semblé durer une éternité. Jamais je ne pourrai les oublier.

Deux coins de rue plus loin, des policiers nous ont pris en chasse. Steph a alors fait semblant de s'arrêter sur l'accotement, et la voiture de police s'est stationnée derrière nous. Mais aussitôt que le policier est descendu de son auto, Steph est reparti en trombe. Le temps que le policier regagne sa voiture pour se lancer à nos trousses, on était déjà loin.

Je ne sais pas si c'est par instinct ou par chance, mais Steph conduisait comme un champion. Il filait à cent vingt dans les rues désertes de la banlieue, mais il réussissait quand même à tourner à la dernière minute dans une petite rue à peine assez large pour la Cadillac. Deux coins de rue plus loin, il tournait encore sur les chapeaux de roues, et encore, et encore, si bien que les policiers n'ont pas été capables de le suivre.

Il y avait du jus dans le moteur de la Cadillac, et Steph savait comment l'utiliser. On roulait comme des fous et on riait comme des malades.

Les policiers ont essayé de dresser un premier barrage dans un boulevard, mais Steph a réussi à le contourner en bifurquant dans le parking désert d'un centre commercial. Quand il est ressorti, à l'autre bout du parking, on aurait dit que toutes les autos de police de la ville étaient à nos trousses. C'était comme dans un film, avec Steph dans le rôle du cascadeur en chef, et moi qui ne faisais rien d'autre que d'avoir les yeux grands ouverts. Je me sentais étrangement calme, comme si je regardais un film au cinéma. Mon cœur battait au ralenti, mes yeux prenaient le temps d'enregistrer chaque image une à une, mes oreilles étaient attentives au moindre son, je vivais dix fois plus fort que d'habitude, mais au ralenti; j'avais le temps de savourer chaque seconde et de la graver dans ma mémoire. Cette sensation-là, c'est meilleur que n'importe quelle drogue.

Steph s'est encore livré à quelques manœuvres époustouflantes comme on en voit au cinéma, puis il a freiné subitement dans une petite rue. Avant que j'aie eu le temps de comprendre quoi que ce soit, il avait ouvert la portière et déguerpi à toutes jambes. C'était une bonne idée: en se sauvant à pied chacun de son côté, on avait plus de chances de s'en sortir. Le problème, c'est que je n'ai pas compris assez vite sa stratégie. Steph avait déjà sauté par-dessus une clôture quand une auto de police est arrivée derrière moi, et une autre devant. Quand j'ai vu que les policiers avaient sorti leur arme, je n'ai pas résisté. J'avais eu ce que je voulais, de toute façon : j'irais réfléchir dans une institution pendant quelques semaines, ensuite on me mettrait dans une autre famille d'accueil, et peut-être qu'un jour je finirais par en trouver une qui soit un peu moins pire.

C'est du moins ce que je croyais. Si j'avais su que j'aurais affaire au lieutenant Allard, je n'aurais pas été aussi désinvolte.

▲ ▲ ▲

Les policiers m'ont passé les menottes, puis ils m'ont conduit à leur quartier général, où le lieutenant Allard m'a fait subir un interrogatoire. J'étais debout devant lui, et lui était assis sur une chaise ou plutôt *autour* d'une chaise : ses fesses et son ventre débordaient de partout. Je n'osais pas penser à ce qui se serait passé si la chaise s'était brisée : il aurait sûrement fallu utiliser une grue pour transporter le policier à l'hôpital, et une armée de médecins aurait été requise pour extirper les débris de bois coincés dans les replis de sa chair.

Au début, il m'a regardé longtemps à travers les boursouflures de ses paupières. J'ai essayé de soutenir son regard, mais c'était impossible : je n'ai jamais su laquelle des fentes laissait passer la lumière.

Il était tout rouge et soufflait très fort, lui aussi, mais j'imagine que c'est normal : je serais sûrement essoufflé, moi aussi, s'il me fallait transporter trois cents livres de graisse.

Il n'a rien fait d'autre que de respirer fort pendant au moins dix minutes, s'attendant sans doute à ce que je lui fasse des aveux. Mais j'avais déjà eu affaire à des policiers, avant lui, et je savais que j'avais intérêt à me taire. Les policiers, c'est comme les profs. Avec eux, moins on en dit, mieux c'est.

S'attendait-il à ce que je dénonce Steph ? Il n'en était évidemment pas question. Après tout, c'est moi qui l'avais entraîné dans cette histoire. Si mon ami avait réussi à se sauver, tant mieux pour lui. Mais je ne pouvais pas non plus faire croire aux policiers que c'était moi qui conduisais : nos poursuivants avaient sûrement vu que nous étions deux à bord de la Cadillac, et peut-être même qu'ils avaient vu Steph s'enfuir. Si on me forçait à parler, j'essaierais de mentir le moins possible. Ces gars-là ont suivi des cours, ils ont plein de trucs pour vous faire parler. Même si vous dites seulement la vérité, ils s'organiseront pour trouver des contradictions. C'est comme s'ils vous donnaient une corde pour que vous l'enrouliez vous-même autour de votre cou...

— Où est-ce que tu as appris à conduire ? m'a finalement demandé le lieutenant Allard.

— Ce n'est pas moi qui conduisais.

— Regarde-moi dans les yeux, Steve, et arrête de mentir. C'est toi qui conduisais, on le sait. Nos caméras ont tout filmé.

Ça, c'était un mensonge. Je ne pouvais peut-être pas regarder le lieutenant Allard dans les yeux, comme il me le demandait, mais j'avais des oreilles pour entendre et je devinais qu'il mentait. La police avait installé des caméras dans les rues, au cas où on passerait par là ? Impossible.

— Si vous avez des caméras, vous verrez bien que je suis sorti du côté droit de l'auto.

Le lieutenant a dû admettre qu'il y avait du vrai dans mon raisonnement, car il a aussitôt changé son fusil d'épaule:

— ... Comment s'appelle ton complice ?

— Je ne sais pas.

— Comment ça, tu ne sais pas ? Regarde-moi dans les yeux et répète-moi ça...

J'ai encore une fois essayé de le regarder dans les yeux, mais je n'ai rien vu d'autre que des replis graisseux.

— Il s'appelle Bob, je pense, ou peut-être Mike, ça dépend des jours. Personne ne sait son vrai nom. Même pas sa mère...

— Tu le connais depuis quand, ton Bob ?

J'étais coincé: si je disais que je le connaissais depuis longtemps, il m'aurait demandé son adresse ou quelque chose dans ce genre-là.

— Je ne le connais pas vraiment, je l'ai rencontré dans la rue, par hasard, la semaine dernière...

— Tu ne le connais pas, mais tu sais qu'il change de nom à tout bout de champ… Tu mens, Steve. C'est toi qui conduisais, je le sais. Tu ferais mieux d'avouer. Tu ferais *beaucoup* mieux d'avouer, crois-moi.

Peut-être que j'aurais dû répondre ce qu'il voulait : un peu plus coupable ou un peu moins, qu'est-ce que je risquais, de toute façon ? Mais j'avais décidé de m'en tenir le plus possible à la vérité, alors j'ai continué à répéter que je n'avais jamais touché au volant de la Cadillac.

C'est à ce moment-là que le lieutenant Allard a fait la chose la plus dégueulasse que je pouvais imaginer : il a enlevé son veston, découvrant ainsi une chemise complètement imbibée de sueur graisseuse et il s'est avancé vers moi, calmement, méthodiquement, en faisant semblant que je n'étais pas là.

J'ai reculé jusqu'au mur, je n'avais pas le choix, mais il a continué à marcher vers moi, il a continué à marcher *sur* moi, il m'a écrasé contre le mur, et il m'a tenu coincé là jusqu'à ce que je suffoque et que je tombe dans les pommes.

— Excuse-moi, m'a-t-il dit lorsque j'ai repris connaissance. Je fais un peu d'embonpoint, comme tu l'as sûrement remarqué, et j'ai parfois du mal à évaluer les distances... Maintenant, Steve, tu vas me dire la vérité: c'est toi qui conduisais, n'est-ce pas?

Il aurait été beaucoup plus simple de mentir, mais j'ai continué à dire la vérité: ce n'est pas moi qui conduisais, c'est Bob ou Dave ou peut-être Donald...

— Tu as tort de t'entêter, Steve, a dit le lieutenant Allard en avançant une fois de plus vers moi. Des jeunes comme toi, des jeunes qui savent conduire et qui n'ont peur de rien, on ne les enferme pas, on les récompense. Mais pour ceux qui se contentent d'être passagers, on n'a pas de pitié.

Une fois de plus, il s'est avancé sur moi, mais cette fois-là, je pense que j'ai perdu connaissance avant même qu'il me touche.

Chapitre 8

— Je savais bien que tu finirais par avouer, Steve... Mon instinct ne me trompe jamais. Regarde-moi dans les yeux et réponds-moi : c'est toi qui conduisais, ce jour-là, n'est-ce pas ?

Un an plus tard, je me retrouve en face du même lieutenant Allard. Il n'a laissé sa main sur mon épaule qu'une seconde ou deux, et pourtant je me sens déjà graisseux. Je recule d'un pas, de crainte que ce ne soit contagieux, mais je ne réussis toujours pas à le regarder dans les yeux : il a encore plus de doubles paupières que l'année dernière.

— ... Si tu m'avais tout avoué la première fois, poursuit-il avant que j'aie le temps de répondre, tu serais déjà une vedette, maintenant. Ça ne sert à rien d'être trop modeste, Steve. La modestie, c'est bon pour les perdants.

Je regarde le sol à mes pieds sans rien dire. À quoi bon lui répéter que ce n'était pas moi qui conduisais ? Je n'ai pas envie de me faire étouffer une fois de plus sous cette montagne de graisse, et je n'ai surtout pas envie que mon histoire avec Roxanne et la piste de course finisse tout de suite.

On me prend pour un autre, c'est évident. Le lieutenant Allard n'est pas seulement policier, il est aussi dépisteur ou quelque chose dans ce genre-là. Il a vu Steph rouler dans la Cadillac et il a détecté chez lui un talent exceptionnel de pilote de course. Pour une raison que j'ignore, il s'est aussi mis dans la tête que Steph n'a jamais existé. Il a tort, évidemment, mais c'est son problème, pas le mien. Je lui ai toujours dit la vérité, mais il ne veut pas me croire. Pourquoi est-ce que je m'acharnerais ?

Il me prend pour un autre, c'est vrai, mais peut-être a-t-il raison quand même ? Peut-être que j'ai un talent exceptionnel de conducteur, moi aussi, et que je n'ai besoin que d'un peu d'entraînement pour qu'il se révèle enfin ? Peut-être que je ne perdais pas mon temps quand je rêvassais pendant mes cours de maths ou de français, peut-être que je m'entraînais, comme un chat qui s'entraîne à la chasse en rêvant ? On me prend pour un autre, c'est vrai, et alors ? Est-ce qu'on a le droit de laisser passer une chance comme celle-là ?

Ces gens-là me confient des autos et ils mettent une piste de course à ma disposition, sans parler des ingénieurs et des mécaniciens, des infirmières et du médecin ; ils me donnent même la plus belle veste de cuir que j'ai jamais eue, ils me laissent entendre que je pourrais devenir une vedette... Pourquoi est-ce que je ne sauterais pas sur l'occasion de leur prouver ce que je vaux ?

La semaine dernière, j'étais le plus anonyme et peut-être le plus nul des élèves de la plus anonyme des écoles dans le plus anonyme des villages. Et aujourd'hui, on me laisse entendre que je pourrais bientôt défiler devant des estrades bondées, monter enfin sur le podium et faire gicler du champagne sur les spectateurs, parmi lesquels il y aura peut-être Roxanne...

La semaine dernière, je conduisais un pupitre. Aujourd'hui, on me donne une auto de course. Et ce n'est pas un rêve, c'est seulement une erreur, une erreur comme il en arrive tous les jours. Sauf que cette erreur-là, c'est à moi qu'elle profite.

Le rêve, c'était *avant*, et c'était un mauvais rêve : les familles d'accueil, les institutions, l'école, tout ça n'était qu'un long cauchemar dans lequel je commençais à mourir d'ennui.

Avant, je tournais en rond dans ma vie, comme Mme Desjardins tourne en rond dans son malheur. Mais maintenant... Maintenant je continue peut-être à tourner en rond, mais c'est sur une piste de course. Méchante différence.

Avant, j'étais un hamster qui courait en rond dans sa cage. Maintenant, je suis un jaguar en liberté dans la jungle. Et pour continuer à vivre à plein régime, je n'ai même pas besoin de mentir. J'ai juste à me taire : Allard veut que je sois un pilote ? Je le serai. Peut-être est-il un dépisteur exceptionnel, après tout : il détecte le talent même quand il se trompe de personne...

— ... Le problème, c'est que tu es un peu rouillé, poursuit Allard. Il faudra t'entraîner... Je donnerai des instructions pour que tu puisses faire ce que tu veux. Dans un mois, si tout va bien, tu monteras sur le podium. En attendant, suis-moi, il faut s'occuper des contrats.

▲ ▲ ▲

La masse adipeuse se retourne et marche en direction du hangar. Je le laisse faire quelques pas, puis je le suis. Il n'avance pas très vite, mais son pas est décidé et sa démarche étonnamment souple.

Il me conduit jusqu'à une porte de métal, sur le côté du hangar, et me fait un geste de la main pour m'inviter à le précéder. J'obéis et je me retrouve au pied d'un interminable escalier, que je gravis aussitôt. Quand j'arrive en haut, je me retourne, mais je n'aperçois pas Allard.

— Entre, Steve…

Je tourne les yeux en direction de la voix : Allard est là, assis derrière un immense bureau, à fouiller dans des paperasses… Comment a-t-il fait pour me précéder ? Il a dû utiliser un ascenseur ou un monte-charge, impossible qu'il en soit autrement. Il est bien trop large pour passer par l'escalier, de toute façon…

Le bureau est au centre de la pièce, sous un puits de lumière. Je m'approche et je vois Allard apposer sa griffe sur des dizaines et des dizaines de feuilles.

— Prends-toi un crayon et signe, me dit-il. Simple formalité.

— Qu'est-ce que c'est ?

Comme je n'ai pas encore eu l'occasion de parler, ma bouche est sèche. C'est peut-être pour ça qu'il ne m'a pas entendu. Je répète, un peu plus fort cette fois :

— Qu'est-ce que c'est ?

— Veux-tu que je te le dise franchement, Steve ? Je suis le propriétaire de cette piste, et je ne le sais même pas moi-même. Aujourd'hui, il n'y a pas moyen de lever le petit doigt sans être obligé de signer des papiers pour ci ou pour ça, bientôt ils vont nous demander un permis pour respirer...

Je regarde une des feuilles : elle est couverte de petits caractères illisibles. J'essaie de lire une phrase ou deux, mais je n'y comprends rien. C'est encore pire que la poésie que nous lisait M. Vinet, et ce n'est même pas drôle.

Je signe un de ces papiers, puis un autre, et un autre encore, et plus je signe, plus je me sens rassuré. S'il faut remplir autant de formulaires et de permis, c'est donc que tout cela est légal, qu'il y a des règlements, des normes et sans doute des inspecteurs pour les faire respecter. Et puis, qu'est-ce que je risque à barbouiller du papier, après tout ? Je n'ai même pas seize ans, et ma signature n'a aucune valeur devant la loi !

Je signe donc des dizaines de formulaires sans trop les regarder et je les remets à M. Allard, qui les examine et me regarde d'un air satisfait.

— On va faire de grandes choses, Steve. Toi et moi, on atteindra des sommets ! J'ai toujours eu du flair, crois-moi. Si je n'en avais pas eu autant, crois-tu que j'aurais pu construire tout cela ? Au début, personne n'y croyait. Mais maintenant...

Il continue de me parler pendant un bon moment, mais ça ne m'intéresse pas tellement, pour dire la vérité. Pendant qu'il n'en finit plus de se lancer des fleurs, il appuie sur le bouton d'un interphone pour appeler sa secrétaire :

— Les papiers sont prêts, Roxanne, vous pouvez venir les chercher...

Et je vois Roxanne arriver d'un pas craintif. Roxanne qui ne me jette pas le moindre coup d'œil et qui disparaît aussitôt. Je ne peux pas croire que cette fille-là soit la même que j'ai rencontrée à la bibliothèque de mon école, la même qui conduisait son auto avec tant d'assurance. Roxanne serait la secrétaire de ce gros bidon d'huile à patates frites? J'ai beau me frotter les yeux, je n'arrive pas à y croire.

— Je te donne un mois, Steve. Entraîne-toi comme tu veux, suis ton instinct, mais ne me déçois pas. J'ai misé gros sur toi.

Chapitre 9

M'entraîner comme je le veux, suivre mon instinct ? Parfait. C'est justement ce que j'avais l'intention de faire.

Pendant un mois, je me lève à cinq heures tous les matins, je m'étire un peu et je sors courir pendant une heure entre les pommiers du bonhomme Desjardins. Je ne sais pas au juste à quelle sorte de course on veut me faire participer, mais j'ai l'impression que j'ai intérêt à développer mon endurance. Je veux que mon cœur batte lentement et qu'il soit assez fort pour envoyer du sang jusqu'au bout de mes doigts et de mes orteils. Je ne serai pas tout seul sur la piste de course et je ne m'en tirerai pas toujours aussi facilement qu'avec Francis. Quand je déciderai d'appuyer sur l'accélérateur ou sur le frein, je n'ai pas envie de manquer de force parce que je suis ankylosé. Je veux que mon corps obéisse immédiatement. En courant sous les pommiers, j'entraîne mon cœur, mais aussi mes réflexes : chaque pommier est une auto, chaque racine un obstacle inattendu à éviter.

En revenant de mon jogging, je prends une douche, puis je mange une tonne de céréales et je bois quelques litres de jus d'orange. Surtout pas de café : je veux que mon cœur batte lentement, très lentement, pour avoir des battements en réserve.

Je vais ensuite me poster sous le grand arbre solitaire et j'attends qu'on vienne me chercher.

À sept heures trente pile chaque matin, un véhicule vient me cueillir. Parfois c'est la fourgonnette noire, parfois un petit autobus, noir lui aussi, et toujours conduit par la même chauffeuse à l'air bête. Parfois je suis le seul passager, mais parfois il y a d'autres jeunes comme moi, des jeunes qui portent tous des casquettes, ce qui leur permet de dissimuler leurs yeux sous la palette. Qui sont ces jeunes hommes à casquette, pourquoi n'y en a-t-il parfois que deux ou trois, et parfois une vingtaine ? Je n'en ai aucune idée, et je ne veux pas le savoir. Je me doute un peu qu'ils seront bientôt mes concurrents, peut-être même mes ennemis. Moins j'en sais à leur sujet, mieux c'est : est-ce que j'aurais réagi de la même façon si j'avais mieux connu Francis ? Sans doute pas. Il vaut donc mieux ne pas les connaître. Je m'assois le plus loin possible des autres et je passe tout le trajet à regarder le paysage à travers la vitre. Je dis que je regarde le paysage, mais ce n'est qu'une façon de parler : en fait, je ne vois rien du tout. Dans ma tête, je suis déjà au volant de mon auto, je revois chaque courbe, chaque pente, je sens la moindre crevasse de l'asphalte, j'essaie de décoder les moindres nuances dans le bruit du moteur ou les grincements des freins.

Quand nous arrivons à la piste, tous mes concurrents se précipitent vers le hangar où sont stationnés les véhicules, dans l'espoir de dénicher la meilleure auto, celle qui leur fera gagner quelques fractions de seconde. J'en ai même vu qui gravaient leurs initiales sur la carrosserie pour reconnaître leur véhicule d'une fois à l'autre.

Je les laisse faire : j'ai vite compris que ça ne servait à rien d'y passer des heures. Toutes les autos sont semblables. Quand il fait beau et que la piste est sèche, on nous fait toujours conduire des squelettes à moteur, de gros insectes noirs tous pareils, tous parfaitement interchangeables. Les pneus sont immenses et lisses, et il n'y a rien d'écrit ni de gravé sur le châssis. Quand il pleut, on revêt ces squelettes de carrosseries qui sont encore une fois parfaitement anonymes : elles sont uniformément noires, sans la moindre trace de ces publicités de cigarettes ou d'huile à moteur qui décorent habituellement les voitures de course.

Comme il ne s'écoule pas une journée sans qu'il y ait au moins un accident, les mécaniciens passent leur temps à réparer ces véhicules, à récupérer des moteurs et à les installer sur d'autres châssis, si bien qu'on ne sait jamais sur quoi on peut tomber : parfois la carrosserie a l'air neuve, mais le moteur ne l'est pas nécessairement. Parfois le moteur est neuf et fringant, mais ce sont les freins qui sont fatigués. Il n'y a donc aucun moyen de savoir sur quelle auto on va tomber. Chaque matin, en descendant de l'autobus, les pilotes courent pourtant vers les hangars et dépensent inutilement leur énergie pour trouver *la* meilleure auto. Aussitôt qu'ils pensent l'avoir trouvée, ils se lancent sur la piste et roulent jusqu'à la fin de la journée.

Je les laisse faire. Le matin, je ne conduis jamais. M. Allard a dit que je pouvais faire ce que je voulais ? Je fais ce que je veux, comme je le sens. Plutôt que d'avaler tout de suite de l'asphalte, je me dirige vers le petit gymnase que j'ai découvert au-dessus du hangar, tout juste à côté du bureau d'Allard.

Le local est petit mais confortable, et on y trouve tout ce qu'il faut pour s'entraîner. Je fais d'abord dix minutes de vélo stationnaire, pour me réchauffer, puis j'utilise les appareils de musculation pour me bâtir une carapace. Je travaille mes abdominaux, mon cou et surtout mon dos : essayez de conduire pendant des heures à toute vitesse, vous verrez comment vous vous sentirez en sortant de votre auto... Je veux aussi des mollets d'acier, pour appuyer solidement sur le frein, et des biceps puissants, pour tenir le volant malgré les vibrations.

Ensuite, je fais encore du vélo stationnaire en regardant la télévision, qui diffuse en permanence des courses automobiles. Pendant que mon cœur continue de se renforcer, ma tête analyse les réactions des pilotes professionnels : pourquoi a-t-il fait ceci ou cela, comment est-ce que j'aurais réagi à sa place ?

Je finis la matinée dans une baignoire à remous, où j'essaie de me relaxer en pensant à n'importe quoi d'autre que des autos.

Je m'en vais ensuite prendre un morceau à ce qu'on appelle la cafétéria, mais qui n'est en fait qu'une petite salle qui contient quelques machines distributrices. Tout en mangeant mon sandwich, j'observe mes concurrents du coin de l'œil et je me félicite chaque fois de ne pas agir comme eux. Comme ils ont passé la matinée au volant de leur auto, ils sont blêmes et nerveux. Ils ont seize ans, comme moi, mais ils ont le teint d'un vieux fumeur de quarante ans. Certains d'entre eux ont même des tics inquiétants, et leurs mains tremblent comme celles de vieillards. Ils mangeront pourtant leur sandwich en vitesse, puis se précipiteront vers le garage dans l'espoir de retrouver *leur* auto, avec laquelle ils tourneront pendant tout l'après-midi.

Ceux-là ne font habituellement que passer. Ils tiennent le coup une journée ou deux, parfois une semaine, et puis ils abandonnent, ou peut-être qu'on les force à abandonner, je ne sais pas. Ils sont aussitôt remplacés par d'autres apprentis pilotes qui ne feront que passer, eux aussi. J'en connais cependant une douzaine qui sont là depuis aussi longtemps que moi. Ceux-là sont les plus calmes, les plus discrets. Et aussi les plus dangereux : je les vois qui m'observent, eux aussi, par-dessous la palette de leur casquette. On finira bien par se retrouver, tout le monde le sait, et tout le monde attend son heure.

Peut-être qu'ils ont de meilleurs réflexes que moi, peut-être qu'ils sont plus forts et plus musclés, peut-être qu'ils ont une plus grande expérience de pilotes, peut-être qu'ils sont plus intelligents, je n'en sais rien et j'ai décidé que je ne voulais pas le savoir. Tout le monde peut être plus ceci ou plus cela, je n'y peux rien. Mais personne ne sera jamais plus patient que moi, personne.

Je les laisse sortir de la cafétéria et je me dirige lentement vers le garage, où je me choisis une auto parmi celles dont personne n'a voulu.

Quand je m'installe au volant, certains ont déjà complété leur premier tour. Je les laisse aller. Je commence toujours par rouler pépère, pour m'habituer à mon véhicule. Je m'aperçois vite que ce n'est pas pour rien qu'on l'a délaissé : les freins sont mal ajustés, le moteur a des ratés, la transmission est mal étagée… Pour moi, c'est parfait : plus j'éprouve de problèmes à l'entraînement, plus je saurai comment réagir quand les vraies courses commenceront.

Une fois que j'ai mon auto bien en main, je me permets de rouler de plus en plus vite, mais sans excès. Si quelqu'un me dépasse, me fait une queue de poisson et en rajoute en m'adressant un geste vulgaire, je le remercie : je ne veux pas seulement tester mon auto, je veux tester le pilote. Je veux entraîner mon cœur et mes réflexes, mais je veux surtout entraîner ma patience. Chaque fois qu'on me fait un de ces gestes, j'essaie de voir comment je réagis : est-ce que mes mains se crispent sur le volant, est-ce que j'ai des idées de vengeance ? Si oui, j'essaie de les extirper aussitôt qu'elles apparaissent. Je veux être une machine. Quand le moment sera venu, je serai aussi efficace qu'une machine, aussi précis, aussi implacable qu'une machine.

Je roule jusqu'à quatre heures, puis je demande qu'on me ramène chez le bonhomme Desjardins. Pendant que les autres pilotes continuent à rouler comme des zombis tout le reste de l'après-midi et même en soirée, je préfère rentrer. Il suffit de le demander : il y a toujours une fourgonnette disponible pour nous conduire chez nous ou alors à la clinique médicale.

Chaque soir, je mange avec le bonhomme Desjardins. Depuis que j'ai commencé mon entraînement, il me demande toujours de lui raconter ma journée, et je me rends compte que ça me fait du bien d'essayer de trouver les bons mots pour dire ce que je pense et comment je me sens. Quand je lui dis que j'essaie d'entraîner ma patience autant que mes réflexes, il m'approuve, et ça aussi ça me fait du bien.

Ensuite je fais la vaisselle avec le bonhomme, puis j'essaie de me changer les idées. Plutôt que de toujours penser aux autos, j'essaie d'écouter de la musique, de tondre la pelouse ou simplement de marcher entre les pommiers. Je marche n'importe où, sans but, mais je me retrouve plus souvent qu'autrement dans la remise. Je m'assois à côté de l'établi et je regarde les outils en essayant de ne penser à rien. Je suis bien. Tellement bien que je reste là jusqu'au coucher du soleil.

À neuf heures, je suis dans mon lit. Je m'endors aussitôt la tête posée sur l'oreiller, mais j'ai tout de même le temps, juste avant de m'endormir, de me répéter que je vais gagner, que j'ai *déjà* gagné, que je suis en train de faire quelque chose de bien, même si je ne sais pas encore comment ça va finir.

Chapitre 10

Cauchemar : mon auto prend feu, et je réussis à m'en extirper de justesse avant qu'elle explose. Je vais ensuite prendre une douche dans le vestiaire des pilotes pour me rafraîchir, mais c'est du feu plutôt que de l'eau qui sort du robinet.

Je me réveille en sueur, et j'ai tellement chaud que je décide d'aller prendre une douche froide – une *vraie* douche froide cette fois-ci, une *vraie* douche dans la *vraie* vie –, mais est-ce que je suis vraiment dans la vraie vie ?

Dans la salle de bains, je me regarde dans le miroir et je sursaute : j'ai les yeux pochés, le front ridé, la barbe longue comme si je ne m'étais pas rasé depuis une semaine, on dirait que j'ai soixante ans. Je me rase, je passe sous la douche et je reste longtemps sous le jet d'eau fraîche, jusqu'à ce que je me sente un peu mieux.

Quand je sors de là, dix minutes plus tard, ce n'est toujours pas le Steve habituel que je vois dans le miroir : je me sens vieux, je me sens raide, et tous les exercices que je fais pour m'étirer n'y changent rien.

Je me dirige ensuite vers la cuisine, où je trouve une enveloppe sur mon assiette. Je la décachette : *Bonne chance, Steve !* Le bonhomme Desjardins a pensé à m'adresser ces quelques mots avant d'aller travailler. C'est gentil. J'ouvre ensuite la porte du réfrigérateur pour me servir un jus d'orange et je trouve une autre enveloppe, appuyée contre le pot de jus. Dans l'enveloppe, une carte d'anniversaire. Le carton est jauni, et l'image représente une auto de course préhistorique, en forme de cigare, comme on en voit dans les albums de Tintin. C'est le genre de carte qu'on offrirait à un enfant de huit ans, ou plutôt qu'on *aurait offert* à un enfant de huit ans en 1950… Je l'ouvre pour lire le message, et je me sens vraiment bizarre en dedans : *Joyeux anniversaire, Steve !* a écrit le bonhomme en grosses lettres rondes. Ce serait suffisant pour que je me sente plein de gargouillements dans le ventre, mais il y a un autre message, écrit à la main lui aussi, mais d'une écriture différente, plus carrée, et on dirait que la personne qui a tracé ces lettres a appuyé très fort sur son crayon, comme pour graver des mots dans le bois d'un pupitre : *Bonne fête, Steve*. Je regarde la porte de la chambre à coucher, toujours fermée : est-il possible que Mme Desjardins ait écrit ces mots ? Et si ce n'est pas elle, qui d'autre l'a fait ?

Mais je n'ai pas le temps de m'interroger davantage : il faut que je sois à sept heures trente sous le grand arbre, j'ai à peine le temps de m'y rendre.

▲ ▲ ▲

C'est un autobus qui vient me chercher ce matin-là, et non pas une simple fourgonnette. Un autobus de luxe aux vitres teintées et aux fauteuils superconfortables, le genre d'autobus dont se servent les groupes rock pour leurs tournées – sauf que la vingtaine de jeunes qui voyagent avec moi n'ont rien de *rock and roll* : ils ont l'air plus bêtes que d'habitude, si c'est possible.

Comme toutes les places près des fenêtres sont prises, je me dirige vers l'arrière, où il reste une place disponible. Je m'assois, puis je jette un coup d'œil discret au passager qui est assis de l'autre côté de l'allée. Il porte une casquette et fait des efforts considérables pour ne pas me regarder, mais je réussis tout de même à apercevoir son cou, son menton, ses joues, et surtout les boucles de cheveux roux, sous sa casquette…

— Yan ! ? Qu'est-ce que tu fais ici ?

Il se tourne vers moi à contrecœur, on dirait, mais il ne me répond pas.

Ce que je vois dans ses yeux, c'est-à-dire *rien*, ce *rien* que je vois dans ses yeux est bien pire que mon cauchemar de la nuit dernière : on peut toujours se défendre contre le feu, mais qu'est-ce qu'on peut faire contre un ami qui vous regarde comme si vous étiez transparent ?

Je parle quand même, très vite, et sans trop penser à ce que je dis :

— As-tu fini ton album de Garfield, depuis le temps ? Comment va Vinet ? Comment ça se fait que tu te retrouves ici ? Vinet t'a-t-il envoyé à la bibliothèque, toi aussi ? As-tu emprunté l'édition spéciale du *Guide de l'auto* ?

Vous êtes-vous déjà promené en tee-shirt quand il fait moins quarante ? Essayez maintenant d'imaginer que l'hiver ne vous attaque pas de l'extérieur, mais de l'intérieur : Yan me regarde dans les yeux pendant deux secondes, pas plus, mais c'est comme s'il me faisait une injection massive de haine, et je ressens cette haine comme de la glace concentrée qui se répand partout dans mes veines. J'ai évidemment survécu à cette histoire – sinon je ne serais pas là pour vous la raconter –, mais je suis sûr qu'une partie de moi est morte ce jour-là, quand Yan m'a regardé ; deux secondes ont suffi à détruire par le froid quelques cellules de mon cœur.

Yan me regarde pendant deux interminables secondes, puis sans même m'adresser la parole, sans le moindre signe de connivence, il va s'asseoir sur une autre banquette, à l'autre extrémité de l'autobus.

Moi qui croyais avoir fait un cauchemar la nuit dernière, je me rends compte que le vrai cauchemar ne fait que commencer.

▲ ▲ ▲

Dans le vestiaire, une infirmière nous demande de nous déshabiller et de passer un à un dans un local où une équipe médicale nous administre une batterie de tests.

Tout le monde se retrouve en caleçon, assis sur un long banc de bois, à regarder par terre. Nous avons l'air de misérables prisonniers, à un point tel que j'ai le réflexe de jeter un coup d'œil en direction de Yan, dans l'espoir qu'il fasse une blague pour détendre l'atmosphère. Aussitôt qu'il s'aperçoit que je le regarde, il me tourne le dos.

Une infirmière me fait une prise de sang, une autre mesure ma pression, une troisième me frappe le genou avec un marteau, une femme médecin me demande de sortir la langue, puis me braque une lampe de poche dans les yeux… Mais où sont donc passées les infirmières de la clinique, si gentilles et avenantes, et surtout si belles qu'on n'avait qu'à les regarder pour se sentir revigoré ? Pourquoi ces nouvelles infirmières sont-elles si bêtes, si froides ? Et à quoi servent ces électrodes qu'on m'installe sur le corps et ces appareils électroniques qui se mettent à enregistrer des graphiques ?

Les tests durent jusqu'à midi, puis on nous permet d'aller manger un sandwich à la cafétéria. Je prends une bouchée, mais je n'arrive pas à l'avaler. Je bois un peu de lait pour l'aider à passer, mais je le vomis aussitôt, en même temps que la bouchée de sandwich et une bonne partie de mon petit déjeuner. Autour de moi, tout le monde en fait autant, même ceux qui n'ont pas pu avaler quoi que ce soit tellement ils avaient la gorge nouée.

Le cauchemar continue, et personne ne peut plus l'arrêter.

▲ ▲ ▲

À une heure, nous nous retrouvons tous au vestiaire, où on nous distribue des combinaisons et des casques. Tous les casques sont noirs, de même que les combinaisons. Je jette un regard en direction de Yan pendant qu'il enfile son accoutrement : comme le casque et la combinaison se rejoignent, il n'y a pas moyen de voir ses cheveux roux. Le voilà transformé en fantôme, et je ne peux pas le distinguer des autres fantômes qui m'entourent.

J'enfile à mon tour mon uniforme. La combinaison est confortable, et j'imagine qu'elle est conçue pour me protéger en cas d'accident ou d'incendie. Le casque est confortable, lui aussi, et me protégera tout autant. Je ne peux pas m'empêcher de me demander pourquoi personne n'a pensé à nous donner cet équipement pendant les entraînements. Veut-on vraiment nous protéger ou vise-t-on plutôt à nous transformer en fantômes interchangeables ? Est-ce pour nous mêler encore plus que les casques sont munis de visières réfléchissantes, qui nous transforment tous en miroirs ambulants ?

On nous conduit ensuite au hangar, où Allard nous attend pour nous faire un discours :

— Messieurs, dit-il en s'épongeant le front, voici les règlements pour la première course de la saison. Vous prenez l'auto qu'on vous assigne et vous allez aussitôt vous mettre en piste pour attendre le signal de départ. Interdiction totale de relever vos visières ou d'enlever vos casques, quoi qu'il arrive. En cas d'accident, *ne sortez pas* de vos autos : faites confiance à nos équipes de secours. Le premier qui réussira à compléter cent tours remportera la coupe.

Une jeune femme apporte une boîte métallique dans laquelle Allard plonge sa main. Il en tire un papier qu'il déplie lentement :

— Numéro un, Steve Charbonneau.

Je m'avance vers Allard, mais il ne me regarde pas. Il me montre plutôt une porte du doigt avant de continuer à déplier des papiers :

— Numéro deux, Simon White… Numéro trois, Karl Johnson…

Les autos nous attendent de l'autre côté de la porte. Il n'y a pas de pluie aujourd'hui, mais on a quand même habillé les châssis de leur carrosserie. Ce sont les mêmes carrosseries que d'habitude, uniformément noires, sauf qu'elles sont presque toutes recouvertes de publicités de cigarettes, de bière, de pneus ou d'huile à moteur. Je m'installe au volant de mon auto et je me dirige vers la piste.

Les mécaniciens m'indiquent par signes ma position de départ, tout près des estrades. Je vais lentement y prendre place et je regarde les spectateurs en attendant que les autres viennent me rejoindre.

C'est une erreur. Une grave erreur.

Chapitre 11

Je ne sais pas si mon casque est supposé me protéger des chocs, mais il réussit très bien à amortir les bruits, et c'est tant mieux : les estrades sont bondées de spectateurs tous plus bruyants les uns que les autres. Certains ont des trompettes, d'autres des crécelles, quelques-uns ont des appareils électroniques qui font plus de tapage encore, mais ce ne sont pas les pires. Les pires, ce sont ceux qui se sont munis de porte-voix pour crier des horreurs que je n'oserais pas répéter, et encore moins écrire. Il y a plus bruyant encore : tout en haut des estrades, de gigantesques haut-parleurs hurlent en permanence des publicités de bière, de cigarettes et d'huile à moteur, accompagnées de ce qui est peut-être de la musique, mais une musique qui ne ressemble à aucune de celles que je connais. Imaginez un opéra diffusé par un système de son aussi mauvais que puissant... Si je n'avais pas mon casque pour me protéger les oreilles, je pense que je virerais fou.

Si mon casque amortit les sons, ma visière n'adoucit pas les images, et c'est bien malheureux. Ce que j'entends est peut-être horrible, mais ce que je vois est horrible au cube. Vous connaissez déjà Allard, la plus énorme horreur sur deux pattes que le monde ait jamais portée. Imaginez maintenant des estrades remplies de personnages tout aussi monstrueux.

Un jour, à l'école, un professeur d'arts plastiques nous avait montré des toiles d'un peintre qui s'appelait Jérôme Bosch. Les toiles avaient été peintes il y a très longtemps, au Moyen Âge, et représentaient des monstres et des démons qui peuplaient l'enfer. Eh bien, si ce Jérôme Bosch revenait aujourd'hui et s'il avait besoin de renouveler son inspiration, c'est devant ces estrades qu'il devrait installer son chevalet: il verrait des hommes et des femmes tellement obèses qu'Allard, à côté d'eux, ressemblerait à un danseur de ballet. Ce ne sont pas des hommes et des femmes, en fait, mais d'immenses bedaines équipées d'une bouche qui engloutit des chips, de la bière, des hot dogs dégoulinants de moutarde et de ketchup, et encore de la bière par-dessus tout ça ; comme dessert, ces bedaines enfournent des beignets fourrés à la crème et des gâteaux au chocolat arrosés de bière ; comme digestif, encore et toujours de la bière. Dix mille bedaines qui ne s'arrêtent de manger que pour crier des horreurs, ou roter, ou vomir sur d'autres spectateurs. Certains se battent entre eux – ils ne risquent pas de se faire très mal, leurs coups étant amortis par la graisse – pendant que d'autres s'amusent à lancer des canettes et des bouteilles vides sur la piste, ce qui est beaucoup plus dangereux. Quand donc cette course commencera-t-elle, que je me sauve de cet enfer ? J'ai juste envie de partir de là, et la simple idée d'avoir à repasser cent fois devant ces estrades me donne la nausée.

J'évite de regarder les spectateurs et je me concentre plutôt sur mes adversaires qui, les uns après les autres, se placent à côté de moi. Il y a maintenant douze autos dans la première rangée, douze autres dans la deuxième, et une troisième est en train de se former. Trente-six autos, qui devront faire cent tours... La piste a beau être longue, il me faudra nécessairement doubler certains de ces pilotes, ou me faire doubler par eux, et quelque chose me dit que personne ne fera d'excès de politesse.

Quand la dernière auto est en place, le juge de départ lève bien haut le drapeau qui annoncera bientôt le début de la course. Les haut-parleurs arrêtent alors de cracher leurs décibels tandis qu'un lourd silence enveloppe les estrades. J'ai les yeux rivés sur le drapeau, mais le juge, comme pour faire durer le suspense, met une éternité à l'abaisser. Les spectateurs commencent à s'impatienter, on entend des sifflets et même des cris scandés par la foule. J'ai d'abord du mal à distinguer ce que répètent les dix mille bedaines débiles, mais je finis par y arriver: *kill*, *kill*, *kill*...

Quand le juge abaisse enfin son drapeau, je démarre en trombe, contrairement à mes habitudes. Mon auto semble heureusement assez rapide, si bien que j'arrive le premier dans la chicane, que je franchis aussi vite que possible, et je suis toujours le premier pour prendre les trois courbes qui suivent. Lorsque j'arrive enfin à la grande ligne droite qui traverse la forêt de pins, je fais exprès de ralentir. Je me laisse doubler par une première auto, et son chauffeur en profite pour me faire une queue de poisson. J'avais heureusement prévu la manœuvre en freinant brusquement au moment où il me doublait, si bien que c'est lui qui a du mal à reprendre le contrôle de son véhicule. Je le regarde valser sur la piste quand une deuxième auto me double en me faisant encore une fois une queue de poisson. Je réagis de la même façon, mais avec une fraction de seconde de retard, et j'ai du mal à garder le cap.

Deux autos, deux queues de poisson. Ce n'est pas une course, c'est un rallye de démolition qui risque bientôt de se transformer en carnage : s'il y a une collision, ce ne sont pas nos casques et nos combinaisons qui vont nous protéger... Je ralentis encore pour laisser passer des autos, mais en voici trois qui se présentent en même temps, et personne ne veut céder sa place. La première réussit à passer, mais les deux autres quittent la route et vont percuter les bottes de foin. Le premier tour n'est pas encore fini que deux véhicules sont hors de combat.

Au moment d'aborder la série de virages qui me ramènera devant les estrades, je me répète que l'important n'est pas de gagner ni de participer, mais de *survivre*. Je suis peut-être dans un monde de fous, mais rien ne m'oblige à jouer leur jeu jusqu'au bout.

Je ralentis encore, jusqu'à ce que j'arrive devant les estrades : il me suffit d'apercevoir la foule de bedaines débiles s'exciter pour changer d'idée. Je ne veux pas voir ces monstres, et encore moins les entendre. Appuie sur l'accélérateur, Steve, qu'on en finisse au plus vite...

▲ ▲ ▲

Au deuxième tour, je regrette déjà de m'être fait volontairement dépasser : je suis maintenant obligé de doubler, alors qu'il aurait été bien plus facile de bloquer la route. J'essaie de remonter les meneurs, mais je n'y réussis pas : mon moteur manque de jus. Trois autres autos passent devant moi, et je les laisse faire sans essayer de les envoyer dans le champ. Mais ce n'est pas si grave: cent tours, c'est long... Ils peuvent être plus rapides, mais personne ne sera jamais aussi patient que moi. Finir cette course, ce serait déjà une victoire...

Même si je leur cède le passage, les pilotes essaient chaque fois de me sortir de la piste. Pourquoi ne se contentent-ils pas de rouler? En voici un autre qui veut me dépasser. Je le laisse passer, comme d'habitude, et il essaie évidemment de me faire une queue de poisson, mais il braque un peu trop ses roues, et son auto se met à faire une série de tête-à-queue, puis trois ou quatre tonneaux, avant de s'immobiliser dans une pile de pneus. Je réussis à l'éviter de justesse, et j'ai le temps de voir, dans mon rétroviseur, l'auto en flammes et la haute colonne de fumée noire qui s'en dégage. J'ai le réflexe de ralentir, et l'idée d'arrêter me traverse même l'esprit, mais je la repousse aussitôt: *faites confiance à nos équipes de secours*, a dit Allard... Ce serait suicidaire de m'arrêter, de toute façon: je ne ferais que provoquer un épouvantable carambolage.

J'essaie d'accélérer, mais j'y arrive difficilement: j'ai toujours les yeux rivés sur mon rétroviseur, dans lequel je vois la fumée noire par-dessus les pins. J'espère que le pilote a eu le temps de se sortir de là !

Je n'aurais pas dû regarder si longtemps dans mon rétroviseur. Un pilote en a profité pour me dépasser et me couper. Il faut que je donne un coup de volant, je n'ai pas le choix... Je me mets à faire des tête-à-queue à mon tour avant de m'écraser contre des piles de pneus. Je suis un peu sonné, mais mon auto n'a pas trop de dommages. En reprenant la route, je sens la colère me gagner : si je le retrouve, celui qui m'a fait ça... Mais comment le retrouver ? Toutes les autos sont pareilles, et tous les pilotes ressemblent à des fantômes... Finies les politesses, je ne me laisse plus faire. Il a besoin de se cramponner à son volant, le prochain qui va chercher à me doubler... En voici justement un, qui veut passer sur ma gauche au moment où je m'approche des estrades. Je fais semblant de lui céder le passage, mais je donne un coup de volant au dernier moment : le voilà dans les piles de pneus, au grand plaisir de la foule, qui hurle sa joie.

Je me sens gonflé de haine, du moins jusqu'à ce que je repasse devant l'auto qui a pris feu. Les pompiers ont eu le temps d'éteindre l'incendie, et une dépanneuse s'apprête à agripper la carcasse calcinée de l'auto pour la déplacer. Les camions de pompiers sont toujours là, mais je ne vois pas d'ambulance. Peut-être est-elle déjà partie...

Il faut que j'arrête de me laisser distraire : une seconde d'inattention suffit pour que je me fasse doubler par un pilote qui me tuerait sans hésitation. Regarde la route, Steve, regarde devant toi, cramponne-toi à ton volant et fonce, oublie ces autos qui se percutent et quittent la piste, oublie ces colonnes de fumée que tu vois monter au-dessus des arbres, oublie surtout la foule de débiles qui hurle à mort quand tu passes devant les estrades, roule, Steve, roule et ne pense pas, tu deviens une machine à réflexes, un robot qui exécute toutes ses tâches à la perfection, roule, Steve, le cauchemar finira bien par finir.

Chapitre 12

Me voici devant le banc de bois, dans le vestiaire. Comment suis-je arrivé là ? Aucune idée. Je m'assois, j'enlève mon casque, mais ma tête est encore pleine des grondements des moteurs, des crissements des pneus et des hurlements de la foule.

Je pose mon casque à côté de moi, et je me rends compte que j'ai les mains qui tremblent. Je me sens la tête vide et froide, tandis que mes pieds sont lourds, chauds et gonflés… On dirait que mon sang a quitté le haut de mon corps pour se retrouver dans mes pieds. Normal, quand on y pense : à force de tourner en rond à toute vitesse pendant cent tours… Cent tours ? Est-ce que j'ai bien dit cent tours ? C'est donc que j'aurais terminé cette course ? Comment se fait-il que je ne me souvienne de rien ? J'essaie de détacher les bandes velcro de ma combinaison, mais je n'y arrive pas : mes mains tremblent encore, j'ai les doigts blancs et glacés...

J'aperçois un bidon de boisson sucrée, à côté de moi. J'en bois quelques gorgées, et ça va un peu mieux. Je réussis enfin à enlever ma combinaison, que j'ai le réflexe de vouloir pendre dans un casier, mais j'ai les jambes encore trop flageolantes pour me lever. Je regarde autour de moi : les autres pilotes ont tous jeté leur combinaison par terre, devant eux. Je les imite, trop fatigué pour agir autrement.

Combien sommes-nous ? Je fais le compte : vingt-trois. Je recommence, pour être bien sûr et parce que ça fait du bien à ma tête de calculer. Un, deux, trois... J'arrive à vingt-trois, une fois de plus... Où sont passés les treize autres ? Les images se bousculent alors dans ma tête : les autos qui prennent feu, les colonnes de fumée, les accidents... On a dû transporter les blessés à l'hôpital, mais comment se fait-il que je n'aie pas vu une seule ambulance ?

Essayons de chasser cette idée. Je ne m'en souviens pas, c'est vrai, mais ça ne veut rien dire : je ne me souviens pas de grand-chose, de toute façon... J'ai encore le départ en tête, de même que les événements qui ont marqué les premiers tours, mais à partir du dixième tour, tout s'embrouille et je ne me souviens plus de rien. C'est comme si j'avais passé deux heures à jouer avec la télécommande de la télévision, sans jamais m'arrêter nulle part. Les images déboulent : des publicités de bière et de cigarettes, des piles de pneus, des adipeux qui rotent et vomissent, des autos qui font des tonneaux, la route au-dessus et le ciel en dessous, des arbres, un podium... Il y avait un podium, c'est vrai, ça me revient, essayons de nous concentrer sur cette image... Un podium sur lequel montent deux pilotes que je ne connais pas, et un troisième que je connais très bien : c'est Yan, ça ne peut pas être un autre que lui. Yan, qui a fini troisième... Je suis content pour toi, Yan, content surtout que tu ne sois pas mort.

Je le cherche des yeux, dans le vestiaire : il est là, pas très loin de moi. Il a enlevé son casque et sa combinaison, lui aussi, et il regarde le mur... C'est Yan, j'en suis sûr, ses longs cheveux roux dégoulinent de sueur, mais comment se fait-il que j'aie l'impression qu'il est devenu un vieillard ? Je regarde les autres : ils sont tous voûtés, abattus, ridés, livides... Peut-être que c'est la course qui nous a rendus comme ça, la force centrifuge qui vide notre tête de son sang... Est-ce que j'ai l'air aussi vieux, moi aussi ? Je bois encore quelques gorgées de liquide sucré, ça va un peu mieux...

Mes souvenirs se remettent en ordre en même temps que je reprends des forces : je revois le podium, une fois de plus, les trois pilotes qui s'arrosent de champagne, mais il n'y a pas de belles filles autour d'eux, seulement des grosses bedaines. La seule différence entre les hommes et les femmes, c'est le nombre de plis... Je regarde la foule, à la recherche de quelqu'un que je connaisse, mais je ne vois personne. Personne qui soit un peu normal, personne qui ressemble à Roxanne...

Et moi, où est-ce que je suis ? Comment se fait-il que je sois là, devant ce podium ? Je n'ai aucun souvenir de la fin de la course, ni du moment où je suis sorti de mon auto...

— Félicitations, tout le monde, c'était un excellent spectacle.

Allard vient d'entrer dans le vestiaire. Il nous parle en faisant les cent pas devant nous, en ne s'adressant à personne en particulier.

— Pour une première course, on ne pouvait pas demander mieux. De l'action, de l'action et encore de l'action, c'est ce que le public veut et c'est ce qu'on lui donne. Vous avez congé jusqu'à mardi, ensuite on fera des essais pour la course de samedi prochain. Profitez-en pour vous reposer... Des questions ?

C'est bien beau de nous demander si nous avons des questions, mais ce serait une bonne idée de nous laisser le temps de les poser : Allard s'apprête à quitter la pièce sans le moindre regard pour qui que ce soit.

— Monsieur Allard ? J'ai une question...

Les mots sont sortis de ma bouche sans que je m'en aperçoive, et Allard reste là, la main sur la poignée de la porte, comme s'il ne m'avait pas vraiment entendu, ou plutôt comme s'il ne voulait pas m'entendre.

— J'ai une question, monsieur Allard.

— Je t'écoute, Steve...

— Je n'arrive pas à comprendre comment il se fait que j'aie vu des camions de pompiers et des dépanneuses, mais jamais d'ambulances.

— Et alors ?

— Et alors rien, je me demande comment ça se fait, c'est tout…

— Parce que tu n'as pas *vu* d'ambulance, tu conclus qu'il n'y en a pas eu ?

— Je n'ai pas dit ça, monsieur…

— Je l'espère pour toi, Steve ! Je l'espère sincèrement.

Il a l'air tellement vexé que je n'ose pas lui faire remarquer qu'il n'a pas répondu à ma question.

— J'ai une autre question, monsieur…

Tout le monde se tourne vers le grand maigre qui vient de prononcer ces mots.

— Qu'est-ce que tu veux, toi ? répond Allard sur un ton exaspéré.

— Où sont les autres pilotes ? Comment vont-ils ?

— Ils vont aussi bien qu'ils peuvent aller, ne t'inquiète pas pour eux. Mais qu'est-ce que vous diriez de prendre une bonne douche, plutôt que de poser des questions ? Ça vous fera du bien de vous décrasser un peu, vous ne pensez pas ?

Allard nous adresse un grand sourire qu'il tente de rendre chaleureux, mais ses gestes le trahissent : il nous tourne le dos et marche d'un pas lourd vers la porte, qu'il claque derrière lui.

Aussitôt qu'il est sorti du vestiaire, un des pilotes se dirige vers le grand maigre qui a posé la deuxième question. Au même moment, Yan se lève et vient se planter devant moi en me dévisageant d'un air hostile.

— De quoi tu te mêles, toi ? lance le premier pilote au grand maigre avec un regard meurtrier.

— Et si tu les gardais pour toi, tes questions ? me demande Yan d'une voix hargneuse.

Yan est bientôt entouré de deux ou trois autres pilotes qui semblent tout aussi agressifs :

— Ouais, c'est quoi l'idée de vous ouvrir la trappe ? dit le premier. On nous demande de conduire, pas de faire de la philosophie.

— Si vous avez envie de tout gâcher, il faut le dire tout de suite. On va vous arranger le portrait, nous autres...

Comme je n'ai pas envie de me battre et qu'ils ne doivent pas en avoir envie, eux non plus – ils doivent être aussi crevés que moi –, j'essaie de détendre un peu l'atmosphère comme Yan l'aurait fait du temps où on était tous les deux à l'école. Il réussissait toujours à trouver une blague idiote, dans ces moments-là, et c'était souvent suffisant pour que les poings se desserrent… Essayons de faire comme lui :

— On ne va tout de même pas se battre, non ? On est des pilotes de course, pas des joueurs de hockey…

Le truc fonctionne : mes adversaires tournent les talons, et je crois même apercevoir l'ombre d'un sourire sur les lèvres de Yan. Mais j'ai peut-être trop d'imagination : je me sens tellement seul que je donnerais n'importe quoi pour voir une esquisse de sourire.

Je regarde le grand maigre : il se retrouve seul, lui aussi. J'aimerais bien aller lui parler, mais je n'ose pas. Ce serait sûrement mal vu. Et puis, je n'ai plus la force de parler…

Je regarde le plancher un long moment, les yeux dans le vide, puis je prends ma douche et je me rhabille, l'esprit toujours aussi vide. En sortant du vestiaire, je tombe sur un tableau où sont inscrits les résultats de la course. C'est ainsi que j'apprends que Yan a bel et bien accédé à la plus basse marche du podium, et que j'ai fini douzième. J'essaie de me féliciter moi-même, pour m'encourager : douzième sur trente-six, ce n'est pas si mal, quand on y pense, surtout pour une première course. Ça vaut mieux que treizième, et j'aurais pu ne pas finir du tout et me retrouver à l'hôpital... Mais rien de ce que je me dis ne réussit à me remonter le moral.

Dans l'autobus qui me ramène chez nous, je me sens encore plus vide : chacun a le nez collé sur la vitre et s'efforce de ne pas regarder les autres. Jamais je ne me suis senti aussi seul, jamais je n'ai autant rêvé d'avoir un ami.

Chapitre 13

L'autobus me laisse devant le grand arbre solitaire, et je commence à marcher vers la maison du bonhomme Desjardins. Je me sens encore épuisé et courbaturé, mais ça me fait du bien de me dérouiller les jambes. J'ai l'impression de me lever pour la première fois après avoir passé des années dans un fauteuil roulant et de réapprendre à marcher. Je n'ai plus de muscles, je n'ai que des os, et mes os me font mal.

Je regarde le gazon, les pommiers, les oiseaux et les fleurs sauvages qui poussent dans le fossé, et je sens que ma tête se nettoie en même temps que mes jambes se dérouillent.

Je respire profondément, j'écoute le silence : ça y est, je n'entends plus le bruit du moteur ni les hurlements des haut-parleurs. Il n'y a plus que du silence, un silence qui me fait mal aux oreilles.

Au bout du chemin, je vois enfin la maison du bonhomme Desjardins, et je repense aux mots que j'ai utilisés sans m'en rendre compte, tout à l'heure : l'autobus qui me ramène *chez nous*… J'ai employé ces mots-là, oui, et ce n'était pas un accident. Un lit, de la nourriture, deux adultes qui ne me demandent rien et me laissent tranquille, de quoi d'autre est-ce que j'aurais besoin ?

Sur le balcon, je vois quelque chose qui me ferait sursauter si j'en avais encore l'énergie : Mme Desjardins est sortie ! C'est la première fois qu'elle met le nez dehors depuis que je la connais, et pas seulement le nez, c'est tout son corps qui est là, étendu dans une chaise longue. Elle est encore en robe de chambre et elle est toujours blanche comme un pétoncle, mais au moins elle a eu la bonne idée de prendre un peu d'air, ça ne peut pas lui faire de tort.

À côté de sa chaise, sur une petite table, elle a déposé un verre de jus et un magazine, mais pour l'instant elle se contente de fermer les yeux et d'offrir son visage au soleil. Je m'approche lentement et je monte sans bruit les trois marches qui mènent au balcon. Mme Desjardins ne réagit pas. Peut-être qu'elle dort ? Au même moment, la porte s'ouvre, et je vois apparaître la binette du bonhomme Desjardins, qui pose son index sur ses lèvres pour me faire comprendre que je ne dois pas faire de bruit.

J'entre dans la maison en marchant sur la pointe des pieds et je regarde la table, dressée comme pour une fête : des fromages et des fruits, des chandelles et des napperons de couleur, une baguette de pain, une bouteille de vin…

— J'avais hâte que tu arrives, me dit-il à voix basse. Ce sera prêt dans dix minutes. Tu as tout juste le temps de prendre une douche… Quand tu seras prêt, j'irai réveiller Maryse.

Jamais je ne lui ai vu des yeux aussi brillants. Il soulève le couvercle d'une marmite posée sur la cuisinière, et un délicieux fumet se répand dans la cuisine tandis qu'il goûte la sauce avec une cuiller. On va manger autre chose que des repas congelés ? Ce sera bien la première fois…

Je vais prendre une douche en attendant que le repas soit prêt – c'est ma troisième douche de la journée, mais je me sens encore sale – et je pense à Mme Desjardins, ou plutôt à *Maryse*. Ça me fait drôle d'apprendre qu'elle a un prénom, tellement drôle que je me le répète dix fois pour qu'il me pénètre bien dans la tête : *Maryse*, *Maryse*… Quand je sors de la salle de bains, je me sens reposé, et ce n'est pas seulement grâce à la douche : ça m'a fait du bien de penser à autre chose qu'à des autos.

▲ ▲ ▲

Quand je reviens dans la cuisine, Maryse est déjà assise à table.

— Bonjour, Steve, réussit-elle à me dire, et ce seront les seuls mots qu'elle prononcera de tout le repas.

C'est peu, mais c'est en même temps beaucoup : en plus d'un prénom, je découvre qu'elle a une voix, et même une très belle voix, plus chaude et plus profonde que je ne l'aurais imaginé.

Elle mange en silence et sans grand appétit le repas que son mari a préparé. Elle a l'air perdue dans ses pensées, mais le bonhomme Desjardins est aux petits soins avec elle. Il se lève sans cesse pour mettre de l'eau fraîche dans son verre ou pour aller couper du pain, et il se charge de toute la conversation : il nous parle des pommiers et des insecticides, il donne des nouvelles de sa famille et des voisins, il dit n'importe quoi, mais ce n'est pas important. Ce qui est important, c'est qu'il a l'air joyeux et que ses yeux brillent. Ce qui est important, c'est que nous ressemblons à une famille.

— Et toi, Steve ? me demande le bonhomme. Comment a été ta journée ?

Comme je ne veux rien dire qui puisse déranger Mme Desjardins, je me contente de raconter que la course s'est bien déroulée et que j'ai fini douzième... À m'écouter parler, on jurerait que j'ai dix ans et que j'ai passé la journée à m'amuser avec une piste de course miniature.

Maryse ne dit rien, elle ne me pose pas de questions, mais je sens qu'elle me regarde d'une drôle de manière, comme si elle voyait à travers moi. Je n'aime pas ce regard et je change vite de sujet : j'ai deux jours de congé, je vais en profiter pour me reposer, j'espère qu'il fera beau...

Aussitôt qu'il s'aperçoit que je pédale dans le beurre, le bonhomme Desjardins vient à ma rescousse et recommence à parler de tout et de rien. J'en profite pour regarder son épouse : elle a le nez dans son assiette, mais elle ne fait même plus semblant de manger.

Immédiatement après le dessert, elle regagne sa chambre, dont elle semble avoir toutes les peines du monde à ouvrir la porte. Elle est encore plus pâle que d'habitude, si c'est possible, et tellement faible qu'un coup de vent l'emporterait. Elle n'a pourtant rien fait d'autre que de passer quelque temps au soleil et de venir manger avec nous. Comment se fait-il que cette femme soit à ce point épuisée ?

— Laisse tomber la vaisselle, Steve, je m'en occupe. Va te reposer, tu dois être fatigué…

— Est-ce que j'ai dit quelque chose qu'il ne fallait pas ?

— Pas du tout. Tu as bien fait de parler de ta course.

— Ça ne me regarde peut-être pas, mais… Qu'est-ce qu'elle a, au juste ? Est-ce qu'il y a quelque chose que je peux faire pour l'aider ?

— Tu ne t'en aperçois peut-être pas, mais tu en fais beaucoup, Steve…

Il ne faut jamais poser deux questions en même temps : les gens en profitent toujours pour éviter de répondre à la plus difficile. J'aurais encore dix mille questions à poser, mais je n'en ai plus la force. Je tombe de sommeil, et ce n'est pas seulement une façon de parler : j'essaie d'aider le bonhomme à desservir la table, et tout ce que je réussis à faire, c'est d'échapper des ustensiles.

— Va te reposer, Steve…

▲ ▲ ▲

Il faut que je me retienne solidement à la rampe pour descendre l'escalier qui mène au sous-sol, et j'ai toutes les peines du monde à me déshabiller. Je regarde l'heure, sur mon radio-réveil : huit heures et demie ! Jamais je ne me suis couché aussi tôt. J'ai à peine la force de soulever mes couvertures, et je ne me souviens même pas d'avoir posé ma tête sur l'oreiller.

▲ ▲ ▲

À deux heures du matin, je me retrouve assis dans mon lit, les yeux écarquillés. Je me suis réveillé en sursaut, je ne sais pas pourquoi. Je n'ai pas fait de cauchemar, je n'ai rien entendu d'inhabituel, je n'ai même pas envie de faire pipi...

Je regarde encore une fois le radio-réveil et je finis par comprendre: c'est à deux heures du matin que Maryse commence à faire les cent pas, d'habitude.

Cette nuit, elle n'a pas marché au-dessus de ma tête, et c'est le silence qui m'a réveillé.

▲ ▲ ▲

J'ouvre un œil, je regarde le radio-réveil: trois heures. Je tourne les yeux vers la fenêtre: le store est entouré d'une auréole ensoleillée. Il est donc trois heures de l'après-midi... Comme il n'était pas encore neuf heures quand je me suis couché, j'ai donc dormi pendant... dix-huit heures! Dommage qu'il n'y ait pas de représentant de Guinness pour homologuer le record... Je pose un pied par terre, puis l'autre, j'essaie de me lever, mais je me sens lourd, ankylosé, et aussi fatigué que si je n'avais pas dormi.

Je me rends jusqu'à la cuisine, où j'engouffre une dizaine de rôties au beurre d'arachide, et je me sens un peu mieux.

Je sors prendre l'air, mais je ne vais pas très loin: la chaise longue sur laquelle Maryse était étendue hier après-midi est là, invitante... Je m'y assois, juste pour la tester, et... et je m'endors.

— Réveille-toi, Patrick, c'est le temps de passer à table...

Je me réveille en sursaut : Maryse est penchée sur moi, et sa main est posée sur mon épaule.

— Réveille-toi, Patrick, répète-t-elle doucement avant de rentrer dans la maison.

Je me lève et je la suis, encore trop endormi pour réagir. Pourquoi m'a-t-elle appelé Patrick, et deux fois plutôt qu'une ? Pour qui me prend-elle ? Pourquoi tout le monde imagine-t-il que je suis quelqu'un d'autre ?

Chapitre 14

Lundi matin, sept heures. Je regarde longtemps le réveil, pendant que je récapitule : il est bel et bien sept heures du matin, nous sommes lundi, et je m'appelle toujours Steve, du moins il me semble…

Je me lève lentement, de peur d'être encore ankylosé. À ma grande surprise, je me sens en forme, comme si mon overdose de sommeil avait enfin réussi à me guérir de mon immense fatigue. Je saute dans la douche, je dévore quelques rôties, et je me sens tellement d'attaque que j'envisage de profiter de mon dernier jour de congé pour aller faire du jogging parmi les pommiers. S'il faut que chacune de mes courses me laisse aussi vidé que la première, il vaut mieux que je me constitue des réserves.

Je cours un peu, et tout va bien. Du moins dans mon corps... Quand j'imagine des autos en feu et des spectateurs qui hurlent, j'ai envie de laisser tomber les courses automobiles et de continuer à courir jusqu'au bout du monde, et même au-delà du bout du monde, continuer à courir dans le vide jusqu'à la prochaine galaxie, comme le Road Runner, qui peut se promener longtemps au-dessus du vide, du moins tant qu'il ne s'aperçoit pas qu'il n'y a plus rien sous ses pieds. Tant qu'on ne regarde pas en bas, il n'y a pas de danger. Tant qu'on ne regarde pas en bas, on peut toujours continuer...

Mais est-ce que j'ai envie de continuer ? Qu'est-ce qui se passerait si je restais ici, demain matin ? Si je faisais la grève ? Mieux encore, si j'abandonnais tout ? « Je suis très heureux d'avoir participé à cette expérience, monsieur Allard, mais maintenant c'est fini, je ne tiens pas à être pilote de course et encore moins à mourir dans un tas de ferraille, d'ailleurs vous vous êtes trompé depuis le début, je ne suis pas celui que vous croyez... »

J'essaie de me changer les idées, mais je n'y arrive pas. Plus j'y pense, plus je me dis qu'il faut que ce cauchemar s'arrête, et le plus tôt sera le mieux. Jamais je ne pourrai supporter de voir cette foule de débiles semaine après semaine.

Je suis tellement décidé à abandonner que je cesse de courir, pour mieux y réfléchir.

Me voici justement tout près de la remise, mon endroit préféré... J'ouvre la porte et je la referme derrière moi, pour être au frais et à l'ombre, seul et en paix. Je vais m'asseoir sur le siège de la tondeuse, où je reprends tranquillement mon souffle en regardant le soleil qui se fraie un chemin par les fissures des planches.

Abandonner. Tout abandonner. J'ai signé un contrat, c'est vrai, mais ce contrat ne vaut rien : j'étais mineur quand je l'ai signé. Et puis, à quoi ça servirait d'être jeune, si on ne peut pas se tromper ? J'ai le droit de changer d'idée et de recommencer, j'ai le droit de faire des expériences, et même de faire des gaffes, j'ai le droit de répondre quand on frappe à la porte... *Quand on frappe à la porte ?* Est-ce que j'ai bien entendu ? Je prête l'oreille, et j'entends encore trois coups secs et rapprochés, suivis d'une voix :

— Ouvre, Steve, je sais que tu es là…

J'ouvre la porte et je me retrouve face à face avec la dernière personne que je pensais trouver là : Yan.

— J'ai quelque chose à te montrer, Steve.

La première idée qui me traverse l'esprit, c'est qu'il est venu me casser la gueule. Je regarde derrière lui, pour voir s'il est venu seul, mais je ne vois rien d'autre qu'une camionnette de livraison. Il n'y a personne au volant, et le moteur tourne encore. Sur le côté de la camionnette, une inscription : *Salaison Atlantique*.

— C'est la camionnette de mon père, m'explique Yan, qui a surpris mon regard. C'est écrit *salaison*, mais il n'a jamais rien salé. En fait, mon père a un abattoir. Mais j'imagine que tu le savais déjà…

— Pourquoi est-ce que je le saurais ? Je ne savais même pas que tu avais un père.

Yan a l'air tout étonné, et ça me rassure : je préfère qu'il soit étonné plutôt qu'hostile.

— J'oublie toujours que tu es nouveau dans le coin. On se voit peut-être beaucoup à l'école, mais on ne se dit pas grand-chose… Mais on parlera de mon père une autre fois, veux-tu ? J'ai été obligé de le supplier à genoux pour qu'il me prête sa camionnette, et il faut absolument que je la rapporte avant midi. Grouille-toi !

Sans même attendre ma réponse, il va s'installer au volant. Je ne prends pas le temps de réfléchir et je vais m'asseoir de l'autre côté.

— Ouvre la fenêtre, me dit-il aussitôt que j'ai bouclé ma ceinture.

Je n'ai pas vraiment besoin de son conseil : il flotte dans ce camion une telle odeur de viande avariée que je dois absolument prendre une bouffée d'air frais si je veux survivre.

— Quand je travaille avec mon père, dit Yan, il exige que les fenêtres soient toujours fermées. Il adore cette odeur. D'habitude, il en profite pour me faire quelques blagues que je n'oserais même pas répéter…

Rien de plus facile que d'imaginer à quoi ressemble le père de Yan : les estrades étaient remplies de ce genre d'homme, samedi dernier.

— ... C'est pour ça qu'il aime tant la course automobile, j'imagine, poursuit Yan.

— Je ne vois pas très bien le rapport.

— Moi non plus, dit Yan en haussant les épaules. Je disais ça pour parler, c'est tout. Tu m'en veux encore pour mon attitude de samedi ?

— On ne peut rien te cacher.

— Je te comprends. Mais réfléchis un peu, Steve : personne n'a le droit d'avoir d'amis, dans ce monde-là. Si j'avais montré que je te connaissais, les autres m'auraient tué. C'est pour ça que j'ai fait semblant de t'en vouloir... Veux-tu savoir ce qui arrive à ceux qui ont des accidents ? Je vais te le montrer.

— ... On s'en va à l'hôpital ?

— Non, malheureusement... Mais tu verras par toi-même, nous y sommes presque. Regarde ça...

Du doigt, il me montre une longue palissade, au bord de la route. Par-dessus la palissade, on voit dépasser des grues et des piles de carcasses d'automobiles. Un ferrailleur. Une *cour à scrap*, comme on dit par chez nous. Un peu plus loin, une grosse enseigne, peinte à la main : Allard *reciclage*.

— Mon père connaît Allard depuis toujours, m'explique Yan. Ils étaient dans la même classe en première année. Mais mon père l'a finie, lui, et il a même fait la moitié de sa deuxième année. Allard n'a jamais appris son alphabet au complet, comme tu peux le voir.

— ... Comment fait-il pour lire des contrats ?

— Il ne les lit pas. Il fait semblant.

Yan continue à rouler jusqu'à la fin de la palissade, puis il s'engage dans une petite route de terre et stationne finalement son camion dans un champ en friche. Aussitôt le moteur arrêté, Yan descend de son côté, et je m'empresse d'en faire autant : tant que le camion roulait avec les vitres baissées, on pouvait toujours survivre ; maintenant qu'il est arrêté, l'odeur de viande avariée est insupportable.

Je sors donc du camion et je vais rejoindre Yan, qui marche le long de la propriété de M. Allard, une propriété immense, et qui semble entièrement entourée d'une haute palissade.

J'ai beau m'éloigner du camion, je n'arrive pas à m'enlever du nez cette odeur de charogne qui me colle à la peau et qui imprègne tous mes vêtements. On dirait même que les odeurs sont plus fortes à mesure que je m'éloigne.

Je m'aperçois bientôt que le terrain vague dans lequel je marche est en fait un dépotoir, et un dépotoir d'un genre particulier : partout, autour de moi, je vois des piles d'ossements desséchés et des carcasses d'animaux presque entièrement recouvertes de mouches.

— De ce côté-ci du mur, le terrain appartient à mon père, m'explique Yan. De l'autre côté, c'est le domaine de M. Allard. C'est lui qui a demandé à mon père de laisser de la viande se décomposer le long de la clôture. Pour mon père, c'est du gaspillage : il en aurait fait de la saucisse.

— Mais à quoi ça sert de laisser pourrir de la viande ?

— Ça sert à chasser les intrus. Si un promeneur a envie de marcher le long de la palissade, il change vite d'idée. C'est moins cher qu'un chien de garde, et Allard peut faire ses petites affaires en paix…

Je dois avouer que le système de dissuasion de M. Allard est très efficace. Sauf pour les rats, évidemment. Les rats, les mouches, les corneilles, les goélands…

— Suis-moi, me dit Yan, qui semble être arrivé à l'endroit qu'il cherchait. Une des planches est brisée à cet endroit, ce qui rend l'escalade plus facile.

Yan grimpe et saute de l'autre côté. J'en fais autant, et nous nous retrouvons dans une pinède très bien entretenue. Le bonhomme Desjardins aimerait cet endroit : les arbres sont bien dégagés, sans broussailles pour leur faire concurrence. J'aime cette plantation, moi aussi : les pins sont des colonnes qui se dressent bien haut dans le ciel, c'est frais et ombragé, et les aiguilles qui recouvrent le sol forment un épais tapis moelleux, dans lequel mes pieds s'enfoncent. Après le terrain vague du père de Yan, n'importe quelle forêt me ferait penser au paradis terrestre, mais celle-ci est particulièrement réussie, d'autant plus que les pins dégagent une odeur qui masque celle de la charogne.

Nous marchons silencieusement dans ce paradis jusqu'à ce que nous arrivions à des piles de pneus. Derrière ces piles de pneus, la piste de course…

— Ça fait bizarre, je sais, dit Yan, qui s'est aperçu de ma surprise. L'entrée que nous prenons d'habitude est de l'autre côté, et il faut faire un long détour pour y arriver. Par ici, c'est plus direct. Et plus discret. Mais tu n'es pas au bout de tes surprises, crois-moi.

Nous continuons à marcher dans la forêt jusqu'à ce que nous arrivions au cimetière.

— Regarde bien, dit Yan. Tu vas comprendre.

Je regarde et je vois des pierres tombales tout à fait normales, comme on en verrait dans n'importe quel cimetière. Devant certaines de ces pierres, la terre a été fraîchement retournée. Jusque-là, rien d'anormal : nous sommes dans un cimetière, après tout, et il faut s'attendre à ce qu'il serve. Ce qui n'est pas normal cependant, et je mets du temps à m'en apercevoir, c'est la dimension des fosses. À moins d'enterrer un géant, une fosse devrait être rectangulaire, et un peu plus grande qu'un cercueil. Mais dans ce cimetière-là, les trous sont carrés et trois fois plus grands qu'un cercueil normal, comme si…

— Allard s'occupe de tout, m'explique Yan. Il fait enlever les autos accidentées avec ses dépanneuses, il les fait compacter, puis il les enterre… Telles quelles. Avec les pilotes dedans. Ça revient moins cher.

— … Comment as-tu fait pour savoir ça ?

— Je savais qu'il y avait un cimetière sur le terrain d'Allard, mais je pensais que c'était le dernier vestige d'un village abandonné. C'est quand tu as posé ta question à propos des ambulances que j'ai eu la puce à l'oreille. Je suis venu voir, et j'ai bien été obligé d'admettre la vérité. Le pire, c'est que je ne suis sûrement pas le seul à m'en douter. Mais personne ne veut *vraiment* savoir…

Je ne l'écoute plus que d'une oreille distraite : je viens tout juste de m'apercevoir que des noms sont gravés sur les pierres tombales. Des noms que je ne connais pas. Sauf un : Patrick Desjardins, décédé l'année dernière. Il avait vingt ans.

— Ce n'est pas tout, ajoute Yan. Avant d'aller te chercher, je suis passé par la clinique et j'ai réussi à mettre la main sur nos dossiers médicaux. D'après les derniers tests, il semble que nous ayons le corps aussi usé que si nous avions cinquante ans. Ils veulent nous faire faire encore deux courses, ensuite ils nous élimineront. Peut-être qu'ils ont déjà creusé un trou pour nous…

— … Qu'est-ce que vous faites ici, vous autres ?

Je me retourne et je vois Allard, entouré de deux de ses semblables. Yan et moi pourrions nous sauver sans risquer de nous faire rattraper : ces trois adipeux-là ne peuvent certainement pas courir, et encore moins escalader une palissade. Nous sauver en courant, voilà ce qu'il y a de mieux à faire, et c'est sûrement ce que nous ferions si les deux gardiens n'étaient pas armés de carabines de chasse. Ils mettent chacun deux cartouches dans le canon, en faisant le plus de bruit possible : shlik shlak shlak…

Chapitre 15

— Je suis déçu, déclare Allard en se nettoyant les ongles avec un canif. *Très* déçu…

Nous sommes dans le bureau de son entreprise de démolition, où les deux gardiens nous ont conduits. Ils sont encore là, derrière nous, et ils n'en finissent plus d'ouvrir et de refermer leur carabine, en imaginant sans doute que les bruits métalliques vont nous intimider. Si c'est ce qu'ils pensent, ils ont parfaitement raison.

Allard est assis dans un fauteuil de cuir, devant une immense fenêtre qui donne sur des montagnes de carcasses d'automobiles. Ses employés y travaillent avec des grues et des bulldozers, ils sont là, tout juste derrière lui, mais je ne les entends pas. Comment se fait-il que je n'entende rien? Aucune vitre ne peut être assez épaisse pour filtrer les bruits à ce point-là, c'est impossible. Et pourquoi est-ce que j'entends *trop bien* ce qui se passe à l'intérieur? Les déclics des carabines, les respirations des gardiens, même le bruit que fait le canif en décrottant les ongles d'Allard: tout me semble trop net, trop clair. Peut-être que c'est la peur qui aiguise mes perceptions: j'ai peur des carabines, donc je les entends clairement. Et comme je n'ai rien à craindre des grues et des bulldozers...

Mais il n'y a pas que les sons qui me laissent une impression étrange: Allard me semble anormal, lui aussi, il est encore plus gros que d'habitude, comme si je le regardais à travers une immense loupe déformante, et sa face ressemble de plus en plus à celle d'un vieux chien chinois.

— Je suis terriblement déçu, reprend-il en continuant à se nettoyer les ongles. Quelle ingratitude, après tout ce que nous avons fait pour vous! Qu'est-ce qui vous a pris de sauter par-dessus cette clôture? J'imagine que vous allez maintenant prêter foi à ces rumeurs idiotes qui circulent au village...

— Écoutez, monsieur Allard, dit Yan, je ne sais pas de quoi vous voulez parler. Nous avons sauté la clôture, c'est vrai, mais tout ce que je voulais, moi, c'était voir la piste de course. Je voulais marcher dessus, pour sentir l'asphalte sous mes pieds. Deux jours de congé, c'est trop long pour moi.

— Ne me raconte pas d'histoires, répond Allard. Pourquoi aurais-tu pris Steve avec toi, dans ce cas ?

— Parce que je voulais étudier ses réactions. Steve est un tueur, monsieur Allard. Il est patient, froid et calculateur. De tous les pilotes, c'est lui que je crains le plus.

Allard se lève et s'avance vers Yan, ce qui me permet de lui voir enfin le visage. Il soulève un pli de graisse (comment fait-il pour savoir quels plis portent les sourcils ?), ce qui lui donne un air étonné.

— Répète-moi ce que tu viens de dire ?

— Je voulais juste étudier ses réactions, c'est tout. Mon plan, c'était d'abord de faire semblant de me lier d'amitié avec Steve, ensuite de le conduire au cimetière et de lui raconter toutes sortes d'histoires pour semer le trouble dans son esprit, et enfin de l'amener sur la piste. Je voulais lui tirer les vers du nez, vous comprenez ? Le faire parler...

Je reconnais bien Yan : il est peut-être pourri en français, mais pour inventer des arguments, c'est un vrai champion, comme disait M. Vinet. J'ai vu si souvent Yan emberlificoter des professeurs que je ne suis pas surpris de sa performance. En fait, il est tellement convaincant qu'il sème le doute dans mon esprit : est-il possible qu'il ait seulement fait semblant de se lier d'amitié avec moi ?

— Ce n'est pas une façon de procéder très habituelle, c'est vrai, poursuit Yan, mais il n'y a pas grand-chose d'habituel non plus dans ces courses, monsieur Allard, vous en conviendrez sûrement avec moi...

Une sonnerie de téléphone se fait entendre. Allard décroche et entreprend une mystérieuse conversation avec un interlocuteur anonyme, ce qui me donne l'occasion de réfléchir à ce qui vient d'arriver : les gardes armés qui arrivent au moment précis où nous découvrons le cimetière, Allard qui semble avoir pris cent livres en quelques jours, cette grande fenêtre qui ne laisse passer aucun bruit, Yan qui emploie des expressions du genre *vous en conviendrez sûrement avec moi*, et même ce téléphone qui sonne encore une fois au bon moment, comme pour me permettre de réfléchir, ça fait trop de détails qui clochent, trop de coïncidences… Une intuition fulgurante me traverse alors l'esprit, et je décide d'agir sur-le-champ. Je me lève et me dirige vers les deux gardiens, qui me regardent avancer sans la moindre réaction.

Ils ne réagissent pas non plus quand je m'empare d'une des carabines et que je marche calmement vers Allard en le visant à la tête. Je suis décidé à lui faire éclater la cervelle, mais je change d'idée à la dernière seconde et je vise plutôt la grande fenêtre, derrière lui. J'entends le coup de feu, je sens l'odeur de la poudre, mais je ne ressens pas le recul de la carabine. La fenêtre vole en éclats, mais aucun des ouvriers qui travaillent dans la cour ne réagit à la détonation. Tous continuent à travailler silencieusement, comme si de rien n'était, comme s'ils jouaient dans un film muet. Mon intuition était juste : il y a trop de détails qui clochent.

Puisque personne ne semble faire attention à moi, j'en profite pour sortir bien tranquillement, tandis que M. Allard parle encore au téléphone, que le deuxième gardien continue à ouvrir et à refermer machinalement sa carabine. Yan, lui, ne fait rien du tout, comme s'il était un robot dont les piles sont épuisées.

Dehors, une petite automobile rouge est stationnée devant le bureau, comme je m'y attendais. Au volant de cette automobile, Roxanne. Roxanne, dont le sourire n'a jamais été aussi radieux, et qui ressemble de plus en plus à la vraie Roxanne. Allons-y, Roxanne : j'ai besoin de toi pour finir cette histoire de fous.

Chapitre 16

Roxanne m'a laissé devant la plus banale maison d'une banlieue banale. Dans l'entrée de cette maison, un homme lave son automobile. Une automobile banale, et l'homme qui la lave est banal lui aussi : quarante ans, petit, chauve et bedonnant.

— Tu ne penses pas que tu emploies trop souvent le mot *banal*, Steve ? dit M. Vinet en m'apercevant. Je t'ai toujours conseillé d'éviter les répétitions... Mais on s'occupera des détails plus tard. Où est-ce que tu en es, dans ton histoire ?

— Au moment où je ne comprends plus rien. J'aimerais qu'on récapitule un peu, si vous voulez bien.

— Parfait. On pourrait s'asseoir dans la cour. Veux-tu boire quelque chose ? Du jus, du thé glacé, une boisson gazeuse ?

— J'imagine que je pourrais tout aussi bien vous demander du champagne et exiger qu'il soit servi par douze jeunes filles en bikini ?

— Tu as tout compris, Steve. Le problème, c'est qu'il ne m'apparaîtrait pas très vraisemblable que nous buvions du champagne dans un pareil décor. Sans même parler des filles en bikini…

— Vous avez raison : je me contenterai d'un thé glacé.

Vinet entre dans la maison pour y chercher des boissons tandis que je me dirige vers la cour. C'est la cour la plus banale que vous puissiez imaginer, avec une pelouse banale, des arbustes, banals eux aussi, et des meubles de jardin en plastique blanc tout à fait banals, et tant pis pour la répétition. C'est tellement banal que j'ai envie d'ajouter un détail, pour faire plus naturel : tiens, voici justement un chat, qui se tapit dans la pelouse et qui s'apprête à sauter sur un oiseau.

Vinet vient bientôt me rejoindre, et je ne peux pas m'empêcher de lui trouver quelque chose de comique. Il faut dire que je ne l'ai jamais vu ailleurs que dans une salle de classe, où il est toujours habillé comme un professeur, c'est-à-dire mal. Il est tout aussi mal habillé aujourd'hui, sauf que c'est encore pire : il porte des shorts qui découvrent des jambes maigres comme des allumettes et ridiculement blanches.

— Reprenons tout depuis le début, lui dis-je avant même qu'il ait eu le temps de s'asseoir. Vous m'envoyez à la bibliothèque chercher l'édition spéciale du *Guide de l'auto*…

— Je suis content que tu aies trouvé ton livre, Steve. Tout le monde y arrive, un jour ou l'autre. Il faut parfois en lire dix, cent ou mille, mais on finit toujours par le dénicher. Enfin, presque toujours. Certains abandonnent avant de l'avoir trouvé, malheureusement…

— Non seulement j'ai trouvé mon livre, mais j'ai décidé d'en écrire un…

— Tu as écrit ce que tu voulais, toi, ce que tu désirais secrètement, et tu as utilisé tout ce qui t'entourait, en commençant par le *Guide de l'auto*…

— Mais vous êtes vrai, non ? Vous existez vraiment, et Yan est vrai, lui aussi, et son père existe bel et bien…

— Le père de Yan existe, mais il n'est pas boucher et il ne possède pas d'abattoir. Si Yan n'en parle jamais, c'est qu'il a disparu de la circulation depuis une bonne dizaine d'années. Tu as préféré en faire un boucher, et c'était une bonne idée : j'ai bien aimé l'idée de la charogne dans le terrain vague pour écarter les intrus. En plus, ça vous permettait d'avoir une camionnette à votre disposition juste au bon moment.

— Et M. Desjardins ? Et Maryse ?

— Tes parents existent bel et bien, évidemment. Ce sont de bonnes personnes, je suis content que tu en aies fait des personnages sympathiques.

— ... J'ai donc inventé tout cela ?

— Tu t'es plutôt servi de ton imagination, comme tu le faisais quand tu transformais ton pupitre en Ferrari. Tu as toujours eu de l'imagination, Steve. Tout ce qui te manquait, c'était un livre, ou plutôt *ton* livre. Te voilà rendu au moment où tu ne sais plus où finit la réalité et où commence la fiction, et c'est normal. Je ne sais pas si c'est très important, d'ailleurs : avant, tu vois, j'étais un simple professeur de français. Maintenant, je suis devenu un personnage. L'un n'empêche pas l'autre, comme tu peux le voir. Je te remercie de m'avoir donné un rôle assez sympathique, somme toute, même si je t'en veux un peu de m'avoir fait des jambes aussi ridicules. Pourquoi est-ce que tu détestes tant Allard, au fait ? Il est vraiment dégueulasse ! Et pourquoi tant de violence ?

— Je sais bien qu'on représente habituellement la Mort comme une vieille dame squelettique qui porte une grande faux, mais pour moi, elle ressemble plutôt à Allard : la Mort, c'est un gros dégueulasse qui organise des courses.

— Tu penses encore à ton frère ?

— Je pense toujours à lui, toujours…

— C'est un autre des nombreux avantages de la fiction : on a le droit d'être violent, le droit de se venger, le droit de haïr… Ça fait du bien, non ?

J'ai bu quelques gorgées de thé glacé en repensant à tout ce qui m'était arrivé, et j'ai pris la décision qui s'imposait. M. Vinet n'a eu qu'à me regarder pour me comprendre.

— L'histoire n'est pas finie, Steve…

— Sûrement pas. Je suis aux commandes, et je sais très bien ce qu'il me reste à faire. Vous allez voir ce que vous allez voir, monsieur Vinet. Si les spectateurs aiment la violence, ils vont y goûter, et pas à peu près.

Chapitre 17

— Vous connaissez les règlements, dit Allard.

Allard est maintenant tellement gros qu'il ne quitte jamais la camionnette surdimensionnée qu'on utilise pour le transporter. On a ajouté deux essieux supplémentaires à cette camionnette, mais ce ne sera bientôt plus suffisant : les plis de son ventre débordent de partout, comme des torrents de lave molle, et frôlent la chaussée. La prochaine fois, il faudra sans doute le transporter dans un camion remorque. S'il y a une prochaine fois, évidemment…

Toutes les autos sont sur la piste, et les pilotes attendent que M. Allard attribue l'ordre des départs.

Une jeune fille à la poitrine incroyablement généreuse apporte enfin la boîte métallique, dans laquelle Allard plonge ses gros doigts boudinés.

— Premier : Simon White ! crie-t-il.

Le pilote qui porte ce nom va prendre place dans son véhicule sous les vociférations de la foule, qui n'a jamais été aussi débile. On a même ajouté des estrades, entièrement recouvertes d'une horde de spectateurs tellement obèses qu'on ne distingue pas vraiment les individus : ce n'est qu'une montagne de graisse de laquelle émergent quelques têtes, çà et là. S'il y a des maigres parmi eux, ils sont sûrement morts étouffés. Il faudra longtemps avant qu'on s'aperçoive de leur disparition. *Très* longtemps...

— Deuxième : Denis Paquin...

Puisque je suis le maître du hasard, pourquoi ne pas en profiter ? J'hérite cette fois-ci de l'avant-dernier rang, et Yan est dernier.

Dans la foule, les spectateurs ont déjà commencé à se battre. Certains ont apporté des bâtons de baseball, d'autres des carabines, d'autres enfin des scies mécaniques. Si la course ne commence pas bientôt, il ne restera plus personne pour assister à ma victoire. Mais avec le sort que je leur réserve, peut-être sont-ils mieux de s'entre-tuer tout de suite.

Quand le juge des départs abaisse son drapeau, tous les pilotes démarrent en trombe, sauf Yan et moi, qui roulons lentement. Avant même d'être parvenus à la chicane, il nous faudra contourner trois véhicules accidentés, qui ont explosé en même temps et qui brûlent avec une telle intensité que l'asphalte se liquéfie. Un peu plus loin, il nous faudra éviter une auto qui a perdu ses quatre roues d'un coup – il est tellement difficile de trouver de bons mécaniciens, de nos jours –, et une autre qui est tombée en panne d'essence au milieu de la courbe et qui a été percutée par deux autres autos. Les spectateurs, qui suivent la course sur des écrans géants, doivent être ravis. Ils voulaient de l'action ? Ils en ont. Et ce n'est pas fini…

Quand nous arrivons à la ligne droite qui traverse la pinède, il ne reste plus que dix véhicules, ou plutôt neuf : l'un d'eux avait un moteur très puissant, mais pas du tout de freins. Impossible pour le pilote d'éviter la bétonnière qui traversait la piste à ce moment-là… Quelle drôle d'idée, quand même, que de réparer la chaussée au moment précis où il y a une course… Mauvaise planification, M. Allard…

Je ne sais pas si les autres autos avaient ou non de bons freins, mais les pilotes n'ont pas pu éviter le camion-citerne qui traversait la piste au mauvais moment. Sept autos se sont percutées, et un immense champignon de fumée noire monte maintenant jusqu'au ciel.

Jamais je n'aurais imaginé qu'une aussi malheureuse suite de coïncidences soit possible : le premier tour n'est pas encore fini qu'il ne reste plus que deux autos en piste, celle de Yan et la mienne. Nous nous amusons à nous dépasser à tour de rôle, faisant preuve chaque fois de la plus exquise des politesses : après vous, monsieur, je n'en ferai rien, mais je vous en prie…

Notre jeu devient vite monotone. Après une dizaine de tours, nous nous arrêtons devant les estrades, nous montons tous les deux sur la première marche du podium sous les yeux ébahis de la foule, qui ne sait trop comment réagir, et nous vidons quelques bouteilles de champagne sur les spectateurs des premiers rangs.

Après avoir salué la foule, Yan sort un briquet de sa poche et l'agite lentement au-dessus de sa tête, comme on le fait parfois dans les spectacles. La foule l'imite aussitôt, ce qui est un peu idiot puisque nous sommes en plein jour, mais le quotient intellectuel d'une foule dépasse rarement celui du plus imbécile des spectateurs, comme tout le monde le sait. Et comme il y a un bon nombre d'imbéciles dans cette foule... Toujours est-il que Yan me montre les deux bidons d'essence qu'il a dissimulés derrière le podium. Tenez bien vos briquets, mesdames et messieurs, vous allez bientôt avoir une petite surprise qui va faire un grand *woosh*! Attention, une, deux, trois...

▲ ▲ ▲

Il ne reste plus rien de la piste de course, ni des spectateurs, ni des hangars. Seule la camionnette où se trouvait M. Allard continue encore de flamber et de fumer : je ne savais pas que cette sorte de graisse pouvait être un aussi bon combustible.

— Bon travail, Yan.

— Nous voici débarrassés, répond mon ami en me serrant la main... Tu veux que je te ramène chez toi ? J'ai garé la camionnette de mon père près d'ici…

— Je pense que ce ne sera pas nécessaire…

Ce ne sera pas nécessaire, en effet : *au moment même* où je prononce ces mots, une petite auto rouge s'arrête devant moi. Au volant de cette auto, Roxanne, plus belle et plus vraie que jamais, Roxanne qui me sourit, Roxanne qui m'invite à monter…

Nous nous retrouvons bientôt dans le plus grand hôtel de la région, où nous avons réservé une suite princière.

Si vous n'êtes pas capable d'imaginer la suite de ce chapitre, je vous plains.

Chapitre 18

— Toujours pas apporté de lecture, Steve ? me dit Vinet. Ça fait maintenant deux semaines que *tout le monde* sait qu'il faut apporter un livre à chaque cours de français, et tu as *encore* oublié !

— J'étais dans la lune, monsieur. Mais je peux aller en chercher un à la bibliothèque, si vous voulez…

— Ne le laissez pas faire ! s'exclame aussitôt Yan. S'il veut un livre, je peux lui en prêter un !

En disant ces mots, il ouvre son pupitre et se met à fouiller dans ce qui semble être un dépotoir : il répand autour de lui des papiers, des magazines, des sacs à lunch…

— Inutile de continuer à fouiller, Yan, lui dis-je. Je les ai tous lus, tes Garfield…

— Qui te parle de Garfield ? Tu veux des romans ? J'en ai : *Klonk et le treize noir*, ça te dirait ? Trop jeune pour toi, peut-être ? J'ai aussi *La Route de Chlifa*, *Un cadavre de classe*, *Le Rouge et le Noir*…

— Je te remercie, Yan, mais je préfère aller à la bibliothèque…

— Qu'est-ce que je vous avais dit, monsieur Vinet ? réplique Yan. C'est un truc ! Chaque fois il fait semblant qu'il a oublié son livre, chaque fois il vous demande d'aller à la bibliothèque, et chaque fois vous tombez dans le panneau ! Ce n'est pas la bibliothèque qui l'intéresse, monsieur Vinet, c'est la bibliothécaire !

— Serais-tu jaloux, Yan ?

— Moi ? Pas du tout ! C'est juste que…

— C'est juste que tu veux nous faire perdre du temps, c'est ça ?

— C'est… c'est un peu ça, oui…

— Bravo, tu as encore réussi. À propos, est-ce que je t'ai déjà parlé d'un livre qui s'intitule *Deux mille arguments pour ne pas lire* ? Je te l'apporterai la semaine prochaine. C'est passionnant, tu verras. Et très bien écrit… En attendant, tu peux y aller, Steve…

Comme sortie, on pourrait trouver plus discret : tout le monde me regarde, et tout le monde sait que Yan a raison. Ce n'est pas la bibliothèque qui m'intéresse, c'est Roxanne.

▲ ▲ ▲

Roxanne est en quatrième secondaire, et chaque mercredi matin elle travaille comme bénévole à la bibliothèque. Normalement, elle devrait faire de l'éducation physique pendant cette période, mais elle a un handicap qui l'en empêche. Quelque chose à la jambe. Je ne sais pas ce que c'est au juste, mais je sais qu'elle porte un appareil de métal autour du genou et qu'elle doit utiliser une canne pour marcher. Je ne sais pas non plus si c'est temporaire ou permanent, mais je sais que ce n'est vraiment pas important pour moi.

Roxanne, ce n'est pas le genre de fille qu'on voit dans un magazine : c'est une vraie fille. Une vraie fille qu'on ne remarque pas tout de suite, le genre de fille qui n'est pas un super pétard mais qui devient plus belle chaque fois qu'on la regarde, le genre de fille qui a sa façon à elle d'être belle, le genre de fille pour qui je serais prêt à faire n'importe quoi, y compris trouver chaque semaine un nouveau prétexte pour aller à la bibliothèque.

▲ ▲ ▲

— Je voudrais prendre ce livre, lui dis-je en déposant le *Guide de l'auto* sur le comptoir.

Ce n'est pas le meilleur choix, je sais. Si j'avais voulu l'impressionner, j'aurais dû choisir un roman de Victor Hugo, ou même un recueil de poésie, mais avec elle, j'ai décidé d'être moi-même et de dire la vérité.

— Tu t'intéresses aux automobiles ? me demande-t-elle tout bas, sans me regarder, et ça me fait toujours le même effet : j'adore quand elle me parle tout bas, j'adore qu'elle soit timide et qu'elle fasse quand même l'effort de me parler.

— Oui, c'est-à-dire que non, pas vraiment... En fait, c'est pour me documenter.

— Tu veux acheter une auto ?

Une fois de plus, elle me parle tout bas, mais cette fois-ci, elle me regarde, et je me sens tout bizarre, comme si j'avais les jambes en guenille...

— En fait, je veux écrire un roman. C'est à cause de M. Vinet : il trouve que j'ai beaucoup d'imagination ; moi, je ne pense pas que j'en ai tant que ça, mais c'est ce qu'il dit, il répète toujours que j'ai beaucoup d'imagination et que je devrais l'utiliser, je fais encore trop de fautes, c'est sûr, mais il m'a dit qu'il pourrait m'aider...

— Est-ce que tu pourrais me le faire lire, ton roman, quand tu auras fini ?

— Bien sûr, oui... Et même...

— Et même... ?

— Écoute, tu sais peut-être que mon frère est mort dans un accident d'auto, l'année dernière, et que ma mère a fait une dépression... Ce n'était pas très drôle à la maison, c'était même lugubre... Mais maintenant ça va un peu mieux, et je pense que ça pourrait faire du bien à tout le monde si j'invitais des amis de temps en temps...

Elle a dit oui.

Elle a dit oui, et je me suis senti exploser en dedans.

Elle a dit oui, mais ce n'est pas ça qui est le plus important. Le plus important, c'est le sourire qu'elle m'a fait. Un sourire tellement beau que même si je lisais tous les dictionnaires je ne trouverais jamais les mots pour le décrire. Tout ce que je peux vous dire, c'est que je souhaite à tout le monde de se faire adresser un sourire comme celui-là au moins une fois dans sa vie.

Chapitre 19

Samedi, enfin.

Ce matin, j'ai aidé mon père à couper des branches mortes dans ses pommiers et, après le dîner, je suis allé m'installer dans mon coin de la remise. Je dis *mon* coin, parce que le bonhomme m'a donné la permission de libérer une partie de l'établi pour m'en faire un bureau. C'est une drôle d'idée, je sais, mais je me sens vraiment bien dans cette remise, mieux encore que dans ma chambre. C'est frais, c'est silencieux, je me sens seul, je me sens en paix. J'aime bien garder la porte ouverte, pour laisser entrer la lumière. Parfois il vente, et je peux sentir l'odeur des pommiers. Mais ce que je préfère, c'est la pluie : toutes les odeurs se réveillent, et je me sens bien à l'abri dans mon atelier. Parfois, quand je relève la tête, je vois mon frère qui est venu me saluer. Salut, Patrick…

Puis je me penche de nouveau sur ma table de travail, où il y a des cahiers, des crayons, des dictionnaires et mon *Guide de l'auto*, pour la documentation: après tout, les seuls véhicules que j'ai jamais conduits, c'est une tondeuse et un pupitre… Ça a été dix fois plus long que je ne l'avais imaginé, mais je vais bientôt la finir, cette histoire. Je ne suis peut-être pas le plus rapide des écrivains, ni le plus intelligent, mais pour la patience, je suis difficile à battre. Quand tout le monde a abandonné la course, je suis encore là, au volant de ma tondeuse…

▲ ▲ ▲

Chacun a eu sa façon de réagir, quand mon frère est mort dans ce stupide accident.

Il avait vingt ans. Un âge où on n'est pas supposé mourir. Un âge où on est supposé vivre, aimer, souffrir, avoir mal aux dents, n'importe quoi, mais pas mourir dans un stupide accident parce qu'un ivrogne a décidé que son plaisir à lui était plus important que tout, un vieil ivrogne débile qui était tellement saoul qu'il ne s'est même pas arrêté quand son auto a frappé la bicyclette de Patrick, un vieux dégueulasse au cerveau tellement ravagé par l'alcool qu'il n'a même pas réagi quand le juge l'a condamné, pas le moindre regret, rien, l'alcool avait tout rongé... Il s'appelait Allard. Je le déteste tellement que je n'ai même pas changé son nom.

Mon père a travaillé comme jamais, ma mère a sombré dans une profonde dépression, et moi aussi, je pense, d'une certaine manière. J'avais beaucoup de mal à me concentrer, alors on m'a mis dans le groupe de M. Vinet, qui s'occupe des cas difficiles. Comme j'avais du mal à lire, il a eu l'idée de me faire écrire. Un jour, j'ai fait un texte sur une course automobile hyperviolente, dans laquelle tout le monde mourait ou presque.

— C'est excellent ! m'a dit M. Vinet. J'aimerais que tu le lises devant toute la classe. Peut-être que tu auras plus de succès que moi avec mes poèmes...

J'ai lu mon texte, et tout le monde m'a écouté attentivement, même Yan, qui d'habitude ne tient pas en place.

J'étais là en avant de la classe, et tout le monde était fasciné par l'histoire que je racontais ; tout le monde savait que c'était une histoire inventée, moi le premier, et pourtant on y croyait ; c'est comme si nous nous étions tous retrouvés sur cette piste de course sauvage, au milieu de la forêt…

À la fin, tout le monde voulait savoir la suite. Mais moi, je voulais plutôt savoir le début : comment mon personnage s'était-il retrouvé sur cette piste ? J'en ai parlé à M. Vinet, qui m'a confirmé ce que je savais déjà : la seule façon de connaître le début, c'était de l'inventer. Alors je me suis installé dans cette remise, et j'ai commencé à écrire.

Plus j'y pense, plus je me dis que c'était une bonne idée. Je suis souvent dans la lune quand je lis, mais jamais quand j'écris : les mots deviennent des automobiles, les lignes sont des routes qui traversent le désert du Nevada, et quelquefois je fais des rencontres étonnantes, souvent au moment où je m'y attends le moins. Cet auto-stoppeur fantôme, par exemple, que je reconnais toujours de loin : c'est mon frère, qui a trouvé ce moyen de me rendre visite. Il fait un bout de chemin avec moi, silencieux, puis il disparaît.

Je l'aimais bien, mon frère. Il me manque. Salut, Patrick !

▲ ▲ ▲

Cet après-midi, j'écrirai une page, peut-être deux si tout va bien, mais j'ai l'impression que ce sera moins. Cet après-midi, j'aurai un peu de mal à me concentrer : à quatre heures, Roxanne viendra me rejoindre. Son père viendra la conduire en auto, et j'irai l'attendre sous le grand arbre solitaire. Ensuite je lui ferai visiter les pommiers, la maison, et enfin la remise où je me suis installé pour écrire ces lignes.

Je ne peux évidemment pas contrôler le temps, mais j'aimerais bien qu'il pleuve, à ce moment-là. Une grosse pluie, et même un orage, qui nous obligerait à rester longtemps à l'abri.

Du même auteur

Jeunesse

Corneilles, Boréal, 1989.

Zamboni, Boréal, 1989.

- Prix M. Christie

Deux heures et demie avant Jasmine, Boréal, 1991.

- Prix du Gouverneur général

David et le Fantôme, Dominique et compagnie, 2000.

- Prix M. Christie
- Liste d'honneur IBBY

David et les monstres de la forêt, Dominique et compagnie, 2001.

David et le précipice, Dominique et compagnie, 2001.

David et la maison de la sorcière, Dominique et compagnie, 2002.

David et l'orage, Dominique et compagnie, 2003.

David et les crabes noirs, Dominique et compagnie, 2004.

David et le salon funéraire, Dominique et compagnie, 2005.

David et la bête, Dominique et compagnie, 2007.

Albums

L'été de la moustache, Les 400 coups, 2000.

Madame Misère, Les 400 coups, 2000.

Tocson, Dominique et compagnie, 2003.

Voyage en Amnésie et autres poèmes débiles, Les 400 coups, 2004.

Débile toi-même et autres poèmes tordus, Les 400 coups, 2007.

Adultes

L'Effet Summerhill, Boréal, 1988.

Bonheur fou, Boréal, 1990.

Les Black Stones vous reviendront dans quelques instants, coll. Littérature d'Amérique, 1991.

La Note de passage, Boréal, 1985. B.Q., 1993.

Ostende, coll. Littérature d'Amérique, 1994. Coll. QA compact, 2002.

Benito, Boréal, 1987. Boréal compact, 1995.

Miss Septembre, coll. Littérature d'Amérique, 1996.

Vingt et un tableaux (et quelques craies), coll. Littérature d'Amérique, 1998.

Fillion et frères, coll. Littérature d'Amérique, 2000. Coll. QA compact, 2003.

Je ne comprends pas tout, coll. Littérature d'Amérique, 2002.

Adieu, Betty Crocker, coll. Littérature d'Amérique, 2003.

Mélamine Blues, coll. Littérature d'Amérique, 2005.

Vous êtes ici, coll. Littérature d'Amérique, 2007.

MARQUIS
Marquis imprimeur inc.
Québec, Canada
2007